LA PRISE DE CHERBOURG

PARIS

NOUVELLE LIBRAIRIE PARISIENNE

ALBERT SAVINE

ÉDITEUR

12, Rue des Pyramides, 12

LA

PRISE DE CHERBOURG

LE COMMANDANT ✶ ✶ ✶

LA
PRISE DE CHERBOURG

PARIS

NOUVELLE LIBRAIRIE PARISIENNE

ALBERT SAVINE, ÉDITEUR

12, Rue des Pyramides, 12

—

1889

LA
PRISE DE CHERBOURG

CHAPITRE PREMIER

L' « HONNÊTE COURTIER »

Lorsque M. de Bismarck arriva au pouvoir dans cette Prusse qui, confinée dans les limites de l'électorat de Brandebourg, n'était alors qu'un bien petit Etat, comparativement aux grandes nations de l'Europe, et que l'Autriche, alors prépondérante en Allemagne, traînait pour ainsi dire à sa remorque, il apportait avec lui de vastes projets et un esprit politique peu scrupuleux sur le choix des moyens propres à assurer leur réalisation.

Toutes les ambitieuses visées qu'avait conçues le grand Frédéric et qu'il n'avait pu réaliser, M. de Bismarck veut les reprendre pour son compte.

Alors, on voit la Prusse s'étendre petit à petit et se faire aider de l'Autriche pour amputer le Danemarck des duchés de Schleswig-Holstein. Elle laisse tout d'abord le Holstein à l'Autriche pendant qu'elle s'annexe le Schleswig sous couleur de l'administrer. Bientôt après. Manteuffel. féal ami de M. de Bismarck. fait occuper le Holstein: une *guerre de notes* s'engage entre Vienne et Berlin où se montre au grand jour toute la cauteleuse duplicité du président du conseil des ministres prussien et, à la guerre diplomatique, c'est la guerre à coups de canons qui succède.

La Prusse, faisant aider ses armes par la diplomatie française, écrase l'Autriche dans la campagne de 1866, l'expulse de l'Allemagne et forme avec les anciens alliés des Habsbourg : la Bavière, la Saxe, le Wurtemberg et le grand-duché de Bade. une Confédération du Nord dont l'alliance offensive et défensive est le lien principal.

La Prusse est dès lors assurée de son hégémonie en Allemagne et pour empêcher. le cas échéant, l'Autriche, de se joindre à la France, elle lui tend la main et l'autorise déjà à s'étendre au midi; elle lui abandonne les peuplades slavonnes de la Turquie, ce qui pourra plus tard, quand, poursuivant sa théorie des nationalités, elle lui arrachera les huit millions d'Allemands qui font partie de l'Empire d'Autriche, être une compensation.

Cependant, la Prusse — ou plutôt — M. de Bismarck n'est point encore satisfait. C'est à peine s'il a digéré le Schleswig-Holstein, le Hanovre, le Nassau, Francfort, etc., et déjà son appétit convoite de nouvelles proies.

Il veut ressusciter pour son maître, hobereau régnant sur des hobereaux, l'Empire de Charlemagne : il lui faut l'Alsace et la Lorraine; et puis il ne serait pas fâché de cimenter dans une bonne guerre les liens qui unissent entre elles les nations diverses de la Confédération du Nord.

La France avait alors en Europe des sympathies qu'il s'agissait de pouvoir détruire au cas espéré d'une rupture. C'est alors, qu'avec le comte Benedetti, il entreprend des négociations en vue d'arriver à l'annexion par la France de la Belgique et du Luxembourg. M. de Bismarck veut à tout prix se procurer une arme et, faisant un jour venir l'ambassadeur français dans son cabinet, il lui dicte le texte du traité à intervenir entre la Prusse et la France, ils le relisent ensemble, puis sous prétexte d'en étudier les termes de plus près, il garde le document[1].

Ainsi muni, M. de Bismarck est prêt à tout et la vacance au trône d'Espagne lui est un

---

[1] Voyez : *Ma Mission en Prusse* par le comte Benedetti.

excellent prétexte. Il suscite par la candidature du prince de Hohenzollern une querelle avec la France, pousse son roi à humilier le comte Benedetti en refusant de le recevoir et accule ainsi Napoléon III à déclarer une guerre pour laquelle celui-ci n'est pas prêt.

C'est alors que M. de Bismarck joue du fameux projet de traité: il en communique l'original aux ambassadeurs présents à Berlin, après en avoir fait tenir une copie à leurs gouvernements comme annexe à une note où il relate les intentions annexionnistes du gouvernement français et les ouvertures que celui-ci aurait faites à la Prusse à ce sujet. Il sait qu'il ment, mais avec l'arme qu'il a dans les mains il pourra prouver que *c'est le lapin qui a commencé*.

La guerre s'ouvre entre la Confédération du Nord et la France par une déclaration dictée à Guillaume Ier par son ministre, au cours de laquelle le roi de Prusse affirme qu'il ne fait pas la guerre au peuple français, mais seulement à l'empire. Ce qui, six semaines après, n'empêchait pas l'historien Ranke, dans une conversation avec M. Thiers qui lui demandait :

— A qui l'Allemagne fait-elle réellement la guerre?

De répondre par ces mots si réellement topiques :

— A Louis XIV !

Il n'est pas besoin de rappeler ici le résultat de cette guerre néfaste dans laquelle le gouvernement français s'engagea *d'un cœur léger* et dont une femme, ancienne cocotte madrilène, avait dit : « C'est *ma* guerre! » Au point de vue qui nous occupe ici, le fait capital de l'année 1870-71 réside dans la reconstitution de l'*Empire Allemand* au profit du roi de Prusse, reconstitution qui fut surtout due à M. de Bismarck, lequel se fit aider dans la réalisation de ce projet par ce roi Louis II de Bavière qu'il devait *suicider* quinze ans plus tard.

Le traité de Francfort prouva peu en faveur de la science de M. de Bismarck. Cette paix devait dans son esprit anéantir la France et l'empêcher à jamais de pouvoir se relever pour faire pièce à l'Allemagne dans les conseils de l'Europe : car, enhardi par les succès qu'il venait de remporter, ce n'était plus seulement l'hégémonie de la Prusse en Allemagne qu'il voulait, mais l'hégémonie de l'Allemagne en Europe.

A cette époque, aucune des stipulations des traités qui avaient mis fin à la conflagration générale de 1815 ne subsistait; un équilibre nouveau s'était depuis 1830 substitué petit à petit à celui établi par le Congrès de Vienne et il s'était vérifié une fois de plus ce mot du prince de Talleyrand : Les traités entre nations ne sont faits que pour être bientôt lacérés.

Cependant, malgré toutes les apparences, l'unité allemande n'est pas encore un fait accompli. La gestion en commun des finances de l'Empire a amené pour les Etats annexés des charges fiscales de plus en plus lourdes et le mécontentement des paysans s'est traduit par l'envoi au Reichstag d'un nombre de députés particularistes qui s'augmente d'élection en élection. Si la Saxe, le Wurtemberg et le grand-duché de Bade osent à peine montrer leurs tendances, les Bavarois, les Polonais, les Hanovriens, les Alsaciens-Lorrains et les Schleswig-Holsteinois ne s'en gênent guère et ne laissent passer aucune occasion de protester contre la prussification de leur patrie.

La théorie fabuleuse qui consiste à réunir sous un même drapeau tous les individus parlant la même langue est une utopie qui, si elle était appliquée dans toute sa rigueur, entraînerait un changement complet dans la délimitation de divers Etats de l'Europe. M. de Bismarck prouve d'ailleurs lui-même qu'il ne prend pas au sérieux la théorie dont il a fait son grand cheval de bataille, puisqu'il retient sous le sceptre allemand le Holstein dont la population est danoise, les Lorrains qui parlent le français et le duché de Posen où la majorité des individus est d'origine slave.

Pour consolider l'édifice qu'il avait élevé et qui, comme l'a dit le colonel allemand Koettschau[1], « semble n'être fait que de pièces et de morceaux », cet empire que d'irrévérencieux écrivains ont appelé, à la barbe même du chancelier, le *colosse aux pieds d'argile*, voire même, dans un langage plus parisien, le *colosse d'occasion*, M. de Bismarck résolut de faire cueillir à nos dépens de nouveaux lauriers par l'armée allemande et il ne s'en fallut que de bien peu que l'année 1875 ne vît notre complet écrasement. La Russie intervint et Alexandre II, père du Czar actuel, pesa de tout son poids et réussit à retenir l'Allemagne.

Il dut concevoir un bien amer regret de ne pouvoir parachever l'œuvre entreprise, ce diplomate qui a avoué que sa haine pour la France est si grande que, ce sont ses propres paroles, « il voudrait exterminer jusqu'aux « petits enfants qui ne sont pourtant pas cou- « pables d'avoir de si horribles pères ».

C'est alors qu'il conçut le projet de nous représenter à l'Europe comme un perpétuel élément de discorde et que, tout en opérant

---

[1] *La prochaine guerre franco-allemande.*

contre nous tout une série de manœuvres
diplomatiques, il amenta toute cette presse
reptilienne toujours prête, pour quelques tha-
lers que lui octroie la Whilhelmstrasse, aux
plus hideuses besognes.

Les organes à la dévotion du chancelier
sont de deux catégories distinctes : les grands
journaux, comme la *Kolnische Zeitung*, la *Nord-
deutsche Allgemeine Zeitung*, le *Frankfurter
Beobachter*, etc., qui sont lus à l'extérieur et,
exposés qu'ils sont aux répliques des con-
frères étrangers, sont, par cela même, tenus
à une certaine réserve, tandis que les autres,
les *Kreisblætter*, feuilles purement locales et ne
sortant pas de la ville où elles naissent, peuvent conter à leurs lecteurs imbéciles les plus
invraisemblables bourdes.

La *Kreisblætt* a surtout pour mission d'entretenir chez le peuple la haine du français et la
crainte perpétuelle d'une revanche vers laquelle sont censées tendre toutes nos aspi-
rations. Par ce moyen pratique, mais malhonnête, on arrive à faire supporter patiemment
au paysan les charges militaires et les impôts
dont il est écrasé et le joug des lois d'excep-
tion; on arrive même à lui faire croire que
tous ceux qui ne soutiennent pas la politique
du chancelier sont des traîtres vendus à la
France. Sauf la réserve à laquelle les oblige

leur circulation au dehors, les journaux de la première catégorie ont à peu de chose près la même mission et ne cessent d'exciter contre la France la jalousie ou la haine des autres nations. C'est une hostilité systématique, un parti pris d'excitation qui va jusqu'à la plus insigne mauvaise foi. N'a-t-on pas vu la *Gazette de Cologne*, qui, pendant l'expédition de Tunisie, excitait l'Italie à s'opposer aux projets de la France, pousser l'infamie jusqu'à affirmer que les Français avaient fait tirer eux-mêmes quelques coups de fusil à blanc sur une de leurs canonnières pour avoir un prétexte à leur débarquement à Tabarka?

L'œuvre accomplie contre nous au siècle dernier par Pitt et Cobourg hantait le cerveau de M. Bismarck, il entreprit de la refaire et, attisant chez des souverains absolus l'aversion que peut leur inspirer le voisinage d'une grande nation républicaine, il fit rapidement l'*Alliance des Trois Empereurs*. Ceux qui, par eux-mêmes ou par leurs pères, s'étaient jadis partagé la Pologne, se retrouvèrent la main dans la main sous le fallacieux prétexte de maintenir la paix en Europe, prétexte dissimulant mal les intentions belliqueuses de M. de Bismarck à l'égard de notre pays.

Il y eut entre les trois souverains des entre-

vues qui sont demeurées célèbres où l'on vit
le vaincu de Sadowa, l'Allemand jeté à la
porte de l'Allemagne mettre sa main dans la
main de son vainqueur, de son évicteur et,
oubliant que la majorité des Autrichiens
n'est allemande, ni de race, ni de cœur, qu'il est
roi de Hongrie en même temps qu'empereur
d'Autriche, on vit le sombre et malheureux
François-Joseph boire sa honte et se faire, lui,
chef des Magnats, l'humble serviteur des Allemands que les populations tchèques et hon-
groises détestent.

Le chancelier pourtant ne négligeait aucune
occasion de faire des coquetteries à la Russie
afin de l'éloigner le plus possible de nous.
Voyant ses peines perdues de ce côté, il essaye
alors d'un autre moyen et, au mois de janvier 1886, il demande à son Parlement, si souvent docile, des crédits destinés à exproprier
les grands propriétaires fonciers des provinces
prusso-polonaises, afin d'y morceler la propriété
en la revendant, moyennant annuités, à des
paysans allemands, dont on attirerait ainsi
l'immigration.

En même temps, il soigne ses intérêts personnels et propose au Reichstag l'établissement du *Schnapsmonopol* qui profiterait un peu
aux caisses de l'État et beaucoup aux siennes,
car M. de Bismarck, outre ses fonctions de

chancelier de l'Empire, distillateur de venin, exerce la lucrative profession de distillateur d'eau-de-vie sophistiquée. C'est encore à la même époque qu'il négocie avec le Vatican et fait voter par le Reichstag la loi politico-ecclésiastique qui soumet définitivement la nomination des évêques à l'agrément du trône.

C'est en mars qu'il a fait voter les 125 millions destinés à la germanisation des provinces polonaises ; dès le 1ᵉʳ juillet, le gouvernement russe répond à cette provocation en publiant une ordonnance qui rend à peu près impossible le séjour des provinces baltiques aux Allemands et russifie presque radicalement ces provinces jusqu'alors infestées de sujets prussiens.

La question d'Orient attire toujours l'attention du chancelier de fer, et l'hostilité que vient de manifester la Russie le pousse à des mesures propres à arrêter les progrès de la politique panslaviste dans les Balkans. Il se rend à Kissingen pour s'y rencontrer avec le chancelier autrichien et, tandis que la presse officieuse viennoise parlait du véritable but de l'entrevue, les *reptiles* affirmaient au contraire que l'entente entre les trois Empereurs était plus étroite que jamais.

Quelques jours après, Guillaume et François-Joseph se rencontraient à Gastein, mais de

cette entrevue, comme de celle de Kissingen,
la Russie fut exclue et les feuilles autrichiennes
ne se gênèrent pas pour dire que le but de
l'alliance austro-allemande devait être dorénavant de s'opposer aux visées belliqueuses et
conquérantes de la Russie ; les gazettes russes
ripostèrent aussitôt que la triple alliance était
une gêne pour le cabinet de Saint-Pétersbourg,
un obstacle à l'accomplissement des glorieuses
destinées de la Russie.

L'Alliance des Trois Empereurs se décollait
et les événements de Bulgarie allaient amener
la rupture complète.

La Russie poursuivait son œuvre dans les
Balkans et, le 21 août 1886, le prince de Bulgarie qui avait, après avoir été le protégé du
Tzar, pris une attitude provocante à l'égard
de la Russie, fut arrêté et conduit hors des
frontières bulgares. La composition du gouvernement provisoire, installé aussitôt après à
Sofia, permit de distinguer nettement d'où
venait le coup ; tous les membres en étaient
russophiles. Une contre-révolution anti-russe
se produisit à l'instigation des Austro-Alle-
mands et M. de Bismarck, pour tâcher d'atté-
nuer l'irritation qu'elle pourrait produire sur
le Tzar, se rendit à Franzensbad pour en con-
férer avec M. de Giers dont les sympathies
allemandes n'étaient un mystère pour personne

et qui pourtant n'en était pas moins le chancelier du Tzar panslaviste.

Le souverain russe ne laissa pas exploser sa colère, mais, sans bruit, il se retira de la triple alliance discrètement, courtoisement, pour praquer la *politique des mains libres* que prônait, après Skobeleff, le directeur de la *Gazette de Moscou*, ancien précepteur et toujours ami du Tzar.

Désormais, les combattants de Sadowa étaient livrés à leurs seules ressources.

Cette retraite de la Russie ne pouvait faire l'affaire du chancelier, il usa de tous les moyens pour ramener la Russie vers l'Allemagne ; mais, peines perdues, il en fut pour ses frais d'éloquence.

C'est alors que M. de Bismarck se tourna vers l'Italie et entreprit cette longue suite de négociations qui devait aboutir au mariage hétérogène de la carpe et du lapin et qui lui valut le nom bien mérité de : *l'honnête courtier*.

En effet, n'était-ce pas une alliance monstrueuse que celle de l'Italie spoliée avec l'Autriche spoliatrice ? N'était-il pas extraordinaire de voir l'Italie qui nous devait, à nous, les spoliés, tout ce qu'elle a de puissance, puisque la France a été le principal facteur de l'unité italienne, aller mettre sa main dans la main de l'Allemand spoliateur ?

Si monstrueuse que puisse paraître une telle amitié de puissance à puissance, si répugnante qu'en puisse sembler l'idée même, elle n'en aura pas moins été un fait acquis!

L'Italie, oubliant que c'est au sang français, mêlé au sien sur les champs de bataille de Magenta et de Solférino, qu'elle doit d'être une et puissante! l'Italie oubliant que ce n'est qu'avec notre concours financier qu'elle peut vivre, car la plus grande partie de sa dette est placée en France[1]! l'Italie oubliant que ce n'est que dans des relations commerciales très suivies avec la France qu'elle peut écouler ses produits naturels ou manufacturés! l'Italie, oubliant qu'elle a envers nous une énorme dette de reconnaissance et qu'il y a entre nous parenté de race et d'origine, va, en haine de nous, mettre la force que nous lui avons donnée au service de notre pire ennemi. Cette même Italie, qui vient d'oublier qu'entre sa sœur latine et l'Allemagne il y a l'Alsace-Lorraine, oublie aussi qu'entre elle et l'Autriche il y a le Trentin, s'unit, s'allie à cette Autriche comme elle

---

[1] D'après les chiffres fournis par *Le Bulletin financier international*, les coupons du 5 p. 100 italien payés à l'étranger se subdivisaient ainsi au mois de juillet 1887.

Paris, 57,190,000 francs; Londres, 3,500,000 francs; Berlin, 77,000; (soixante-dix-sept mille francs).

s'est unie, comme elle s'est alliée à cette Allemagne.

Ah! M. de Bismarck savait bien où il allait en cherchant l'alliance de l'Italie; il savait bien que c'était là un terrain admirablement préparé pour ses détestables semailles, il n'ignorait pas, profond psychologue, que c'était à Caïn qu'il allait inspirer la haine contre Abel et, dans sa connaissance du cœur humain, il n'ignorait pas que, si ce n'était juste, il était au moins normal que l'Italie, qui devait tout à la France devînt, par ingratitude, son ennemie acharnée.

Il savait aussi à quels hommes il allait avoir affaire et se disait que, faute d'avoir avec lui cette partie de la nation qui, fidèle à des principes sacrés ne cesse de vouloir l'*Italia irredenta*, il aurait au moins les gouvernants imbéciles comme Depretis et Crispi. Il n'ignorait pas que le fils de Victor-Emmanuel, le fils de ce roi auquel sa bravoure personnelle avait valu le grade de caporal dans un de nos régiments de zouaves, avait éloigné Cairoli, le chef avéré du parti irrédentiste et s'était entouré d'hommes aussi ambitieux qu'incapables. Il savait qu'Humbert Ier avait une confiance aveugle dans le député sicilien Crispi qui, après avoir longtemps siégé sur les bancs de l'opposition, s'était tout à coup humanisé et avait sans aucune hésitation foulé aux pieds les promesses faites à ses électeurs dès qu'on avait fait luire à ses yeux le portefeuille ministériel.

Le roi, Depretis et Crispi acceptèrent la main qu'on leur tendait sans regarder même si cette main n'était pas encore rouge du sang des frères égorgés et aussitôt, sous l'ardente impulsion du chancelier de fer, ils jetèrent à des armements imbéciles et ruineux les finances d'un pays extrèmement pauvre. Depretis mort, Crispi continua son œuvre avec une vigueur de plus en plus grande ; sous son gouvernement, le budget s'augmenta dans de folles proportions, les dépenses devinrent considérables et, comme les recettes devaient nécessairement s'accroître dans les mêmes proportions, sous peine d'un déficit qu'il n'évita d'ailleurs point, il dut rétablir d'anciens impôts, morts de leur impopularité, ou en établir de nouveaux plus impopulaires encore, comme l'impôt sur la mouture et le droit sur le salaire des ouvriers. Et comme si ces charges écrasantes, sous lesquelles l'Italie se débat vainement, n'étaient point encore suffisantes, Crispi se mit en devoir de tarir les sources mêmes des revenus de l'Italie en dénonçant le traité de commerce avec la France et en montrant dans les négociations entre-

prises pour la conclusion d'un nouveau traité
des prétentions tellement exorbitantes que
les plénipotentiaires français durent renoncer
à chercher même un terrain de conciliation et
d'entente. L'effet ne tarda pas à s'en faire
sentir et la guerre de tarifs fut à peine commencée que tout le monde, sauf Crispi, vit
clairement que l'Italie avait tout à y perdre
et rien à gagner, tandis que la France avait,
au contraire, tout à y gagner et rien à
perdre. La première conséquence, en effet,
fut que la France, n'important plus de vins
italiens, dut importer ses vins d'Algérie et
que, pendant que les vignerons italiens manquaient de l'argent nécessaire à acheter des
barriques pour loger leurs récoltes accumulées, les vignerons algériens au contraire
manquaient de futailles.

Mais s'ils conduisaient aussi allègrement
leur pays à sa ruine, n'était-ce pas un grand
honneur et un grand plaisir pour un petit roi
comme Humbert de devenir l'ami et l'allié
d'un monarque puissant comme l'empereur
allemand et pour un ministre comme Crispi,
dont le nom est le diminutif, peut-être pas
très licite, de Crispino, de devenir la marionnette et l'exécuteur des basses œuvres d'un
grand diplomate comme M. de Bismarck?

Cependant, malgré l'odieuse campagne que

menait contre nous une partie de la presse anglaise, ayant le *Times* pour chef de file, dans laquelle on accusait la France de troubler l'équilibre de l'Europe par ses sentiments hostiles contre l'Allemagne et les *vaines* espérances qui la rapprochent de la Russie, un événement se produisait, entraînant avec lui une grande signification, dont l'importance n'échappait à aucun des diplomates de Berlin, de Londres et de Vienne. Au moment même où le général Kaulbars quittait, avec tout le personnel consulaire russe, le territoire bulgare, l'ambassadeur de Russie à Paris, absent depuis plusieurs mois, reçut l'ordre de rejoindre son poste et, soudainement, le Tzar agréa le choix de M. de Laboulaye comme ambassadeur de France à Saint Pétersbourg.

Certains *bien informés* prétendent même que la Russie à ce moment alla plus loin dans ses coquetteries avec la France et qu'il y eut alors des sollicitations très significatives, mais qui pourtant n'aboutirent pas.

Le *Reichstag* allemand s'ouvrit sur ces entrefaites et M. de Bismarck profitant, selon sa vieille habitude, des craintes de guerre qu'entretenait en Europe la question d'Orient et tout en proclamant bien haut ses intentions pacifiques, déposa le projet de septennat militaire élevant de 41.135 hommes l'effectif de l'armée allemande sur le pied de paix et le portant à 468.409 hommes; bien que la loi en vigueur ne dût expirer qu'un an plus tard, le gouvernement impérial réclamait la mise en vigueur immédiate du nouvel état de choses.

En se servant du spectre de la guerre agité devant un Reichstag indocile pour lui arracher un vote augmentant de 32 millions les charges militaires déjà si lourdes de l'Empire allemand, M. de Bismarck obtint ce résultat de pousser davantage l'une vers l'autre la Russie et la France.

Il avait poursuivi notre isolement en Europe mais le courant de sympathie qui s'établissait entre les deux pays et grandissait chaque jour troublait sa quiétude. Il voyait avec rage que les articles anti-allemands de Kattkoff dans la *Gazette de Moscou* trouvaient, de jour en jour, un écho plus considérable dans toute l'étendue du pays Slave, et que la presse française, les commentant avec faveur, y répondait par des avances non déguisées.

Il avait longtemps pensé que l'Autocratie russe et la République française étaient deux formes gouvernementales trop disparates pour pouvoir jamais arriver à s'entendre, et il voyait maintenant avec dépit que l'idée d'une alliance éventuelle avait trouvé des apôtres chaleureux dans les deux pays.

En Russie, l'influence de Kattkoff arrivait presque à contre-balancer celle de M. de Giers : on savait que le journaliste moscovite était l'ami personnelle du Tzar et que ses articles reflétaient, au moins en partie, les idées de son maître, dont le slavisme et la volonté d'indépendance politique, pour être moins prononcés que quand il était Tzarowitz, ne s'en étaient pas moins affirmés très nettement dans maintes circonstances.

En France, les tendances russophiles étaient nées au milieu d'un courant très violent de relèvement de l'esprit national ; on regardait sans s'en émouvoir les préparatifs belliqueux de M. de Bismarck et l'on ne faisait que sourire de ses déclarations pacifiques que tous ses actes démentaient.

M. de Bismarck, effrayé de l'influence que pourrait avoir sur l'issue de la lutte qu'il désirait prochaine entre la France et l'Allemagne la sympathie qui unissait déjà la Russie à la France, soit que le Tzar intervînt par la voie diplomatique, soit qu'il recourût aux armes, se décida à brusquer le mouvement.

Tout en cherchant à ramener à lui la Russie par des moyens divers et toujours exempts de scrupules, comme, par exemple, quand il fomenta des complots nihilistes qu'il prit soin de dénoncer à la police russe au moment où

l'on allait les exécuter en attentant à la vie du
Tzar, il avait entrepris de secrètes négociations
avec Léopold II, roi des Belges, et, par un traité
que ce souverain avait personnellement passé,
sans demander avis ni à son conseil des ministres, ni à son parlement, M. de Bismarck avait,
à l'instigation de M. de Moltke, obtenu qu'au
cas d'une guerre entre l'Allemagne et France,
l'armée allemande pourrait librement passer
par la Belgique pour nous envahir par le nord.

C'est que M. de Moltke avait reconnu, dans
une nouvelle étude qu'il venait de faire des lignes d'invasion de la France, que les voies
s'ouvrant à la frontière d'Alsace-Lorraine n'é-
taient guère praticables et qu'il fallait de toute
nécessité que, pour nous envahir à nouveau,
l'armée allemande pût entrer chez nous par
les Ardennes et la Vallée de la Meuse.

Il n'est pas inconsidéré de dire que le prix
auquel Léopold avait conclu ce traité était
simplement une extension territoriale de la
Belgique vers le sud et l'attribution à ce pays
dans le futur démembrement de la France de
deux ou trois de nos riches départements industriels du nord.

Désormais le problème se posait ainsi dans
l'esprit de M. de Bismarck :

*Faire déclarer la guerre à l'Allemagne par
la France dans le plus court délai possible.*

La donnée en était impérieuse et difficile : il fallait que ce fût la France qui tirât le premier coup de canon afin qu'on pût invoquer le *casus fœderis* des traités de l'alliance italo-austro-allemande, qu'on pût représenter la France à l'Angleterre comme le trouble-paix éternel : il fallait que l'événement survînt d'une façon foudroyante afin d'empêcher que les sympathies de la Russie fussent plus grandes encore pour la France et qu'une alliance pût se conclure entre les deux pays.

S'il pouvait obtenir que la France engageât les hostilités, M. de Bismarck nous attaquerait par le nord et par l'est avec les armées réunies de l'Allemagne et de l'Autriche, pendant que les troupes italiennes porteraient leurs efforts sur les Alpes et que la marine italienne, peut-être appuyée par la flotte anglaise, dirigerait son attaque sur nos possessions nord-africaines et empêcherait le transport sur le continent des troupes du XIXe corps d'armée et le remplacement de celles-ci en Algérie et en Tunisie par des troupes prises dans notre armée territoriale. Au besoin même, les flottes alliées, agissant de concert, tenteraient une attaque de vive force sur un de nos ports marchands, ou sur Toulon même, gardant ainsi toutes nos forces navales dans la Méditerranée et laissant la flotte allemande, n'ayant que des forces trop inférieures à combattre, bombarder à loisir nos grands ports commerciaux de la Manche et de l'Océan.

Presque simultanément, deux provocations furent faites à la France en Alsace-Lorraine.

L'Allemagne attira dans un guet-apens M. Schnæbelé, commissaire spécial français, et le jeta en prison, sans aucune raison ayant seulement une apparence de fondement; puis, sur les dénonciations très précises fournies par un espion résidant à Paris, le statthalter d'Alsace-Lorraine fit arrêter sept Alsaciens-Lorrains et un Français, M. Kœchlin-Claudon, officier de notre armée territoriale, sous l'inculpation de s'être les uns et les autres affiliés à une société française : *La Ligue des patriotes*, et d'avoir ainsi commis envers l'Empire allemand le crime de haute trahison.

Le gouvernement français, faisant appel au jugement des Etats européens, réclama la mise en liberté de son commissaire de police et l'obtint en effet, car M. Schnæbelé fut relâché par les autorités allemandes le 29 avril 1887, après avoir subi huit jours de détention. Quant à Kœchlin-Claudon, accusé de haute trahison envers l'Empire allemand pour avoir lui, citoyen français, fait partie d'une société française, il resta sous les verrous allemands sans que le gouvernement français l'ait osé réclamer, ce qui eût été son droit strict, et le tribunal de Leipzig le condamna, le 18 juin suivant, à une année de forteresse.

Cette tentative de M. de Bismarck ayant avorté et la France s'étant fait rendre son fonctionnaire sans recourir à la voix du canon, ce qui eût été le plus cher désir du chancelier de fer, celui-ci organisa immédiatement une nouvelle provocation, et le 24 septembre 1887, le sous-lieutenant élève de Wangen et le garde-chasse Brignon tombaient tous deux sous les balles du soldat allemand Kauffmann, — le premier, grièvement blessé, et le second, mort. L'émotion fut indescriptible en France, on sentait bien que c'était là un accident, non pas fortuit, mais nettement voulu ; il n'y eut pourtant aucuns désordres et le gouvernement put librement et pacifiquement réclamer les satisfactions auxquelles la France avait droit. Des enquêtes contradictoires furent ouvertes par les deux pays et les magistrats allemands essayèrent de prouver que les chasseurs français avaient été frappés sur le territoire allemand. Le contraire ayant été établi, l'Allemagne dut, de nouveau, faire des excuses à la France et, de plus, s'engager, à verser une indemnité à la veuve du malheureux Brignon.

M. de Bismarck était donc dans un état

d'esprit très voisin du dépit furieux, il était d'autant plus décontenancé par l'échec piteux de ses provocations, que la France n'y avait répondu qu'en apportant une activité de plus en plus grande aux préparatifs de son Exposition du Centenaire, commémoration qu'il eût bien voulu pouvoir empêcher, quand il reçut, le 2 octobre 1887, la visite du premier ministre italien à Friedrichsruhe.

La France, qu'il croyait si facilement irritable, avait gardé une attitude très calme et très digne, au lieu des réclamations bruyantes et de l'appel à la force des armes auxquels il espérait l'amener, afin de pouvoir dire à l'Europe : Vous voyez bien que la paix ne sera pas possible tant que cette nation figurera sur la carte du monde ! La France, tout entière à son œuvre éminemment pacifique, avait recouru aux plus calmes des moyens diplomatiques pour obtenir les satisfactions qui lui étaient légitimement dues et persistait à convier les citoyens de toutes les nations du globe au plus grandiose de tous les tournois qu'eût jusqu'alors ouverts la civilisation.

Mais si la France était restée sage et ferme devant les provocations de l'Allemagne, peut-être s'emballerait-elle plus facilement vis-à-vis de l'Italie. Il pressentit à ce sujet le ministre du roi Humbert et le trouva si dispos, si malléable que lorsque celui-ci quitta Friedrichsruhe pour retourner au Quirinal, il emportait dans son portefeuille les instructions complètes et détaillées de M. de Bismarck sur un plan de provocations dont la France devait être l'objet de la part de l'Italie, plan dont la mise à exécution ne se fit pas attendre.

En effet, tandis que, le 19 janvier, le tribunal allemand auquel avait été déféré le soldat Kauffmann, acquittait l'assassin de Brignon, le 22 janvier, un vétérinaire militaire italien souffletait à Modane un médecin major français, sans avoir, pour en user ainsi, la moins plausible des raisons. La foule intervint et, dans sa justice, peut-être brutale, mais à coup sûr immédiate, elle força l'officier italien à s'humilier devant l'officier français. Bien qu'il fût évident que le vétérinaire avait agi d'après des ordres venus d'en haut, les excuses qu'il avait dû faire, aussitôt son méfait commis, furent, à juste titre, estimées suffisantes et l'incident, regardé comme d'ordre purement privé, fut considéré comme clos.

Crispi essaie alors d'un autre moyen et, le 26 mars, le journal ophidien l'*Esercito*, de Turin, publie un article violent contre la marine française, qu'il accuse de se réunir à Toulon dans le but inavoué, mais évident, de

détruire la flotte italienne : naturellement le
Times, cet autre ophidien, appuie le dire de
l'*Esercito* et prend parti pour l'Italie contre la
France, et les journaux allemands, payés sur
les fonds des reptiles, font *chorus*. Un peu
plus tard, c'est l'affaire des taxes municipales
dont l'Italie veut frapper, au mépris des capi-
tulations non dénoncées, les Français ou pro-
tégés de la France à Massaouah. Cette affaire,
liquidée par voie diplomatique, grâce au tact
parfait du ministre des affaires étrangères
français, n'ayant encore pas réussi, la marionnette de M. de Bismarck suscite un nouvel
incident diplomatique à propos des écoles italiennes à Tunis.

L'Autriche aussi avait essayé de la même
guitare et c'était M. Koloman Tisza qui s'é-
tait chargé d'en jouer en prononçant, le 27
mai 1888, au parlement hongrois, un discours
où, gratuitement, il insultait odieusement la
France. Des explications furent demandées
et le comte Kalnocki, ministre des affaires
étrangères d'Autriche-Hongrie, dut désavouer
les paroles de son collègue et ami, le président du ministère hongrois.

Cependant, au milieu de toutes ces machi-
nations gallophobes, M. de Bismarck voyait
clairement que l'Autriche, dominée par les
partis tchèques et hongrois, se détachait.

sinon par le gouvernement, du moins par les peuples, de la triple alliance qu'il avait enfantée et qu'il ne cessait de diriger contre la France. D'un autre côté, il se rendait compte que l'empereur Guillaume touchait au terme de sa vie et, craignant que, du jour où l'ascendant du vieux souverain brisé par la fin prochaine de celui-ci, ne la retiendrait plus, l'Autriche se séparât de l'Allemagne, il voulut la lier par un acte public et, le 5 février 1888, il fit publier par un journal viennois le texte *in extenso* du traité d'alliance conclu entre elle et l'Allemagne. Une telle façon d'agir était sans précédent dans les annales diplomatiques; mais, nous l'avons dit au début de ce chapitre, M. de Bismarck est sans aucun scrupule sur le choix des moyens et quand un diplomate a machiné le malhonnête guet-apens dans lequel le comte Benedetti s'était laissé prendre dans l'affaire de l'annexion de la Belgique et qu'il a publié un traité fictif, il peut bien publier un traité réel.

Cependant ses provocations étaient restées sans effet. M. de Bismarck n'avait pu réussir, malgré son habileté, à faire entrer dans une voie belliqueuse la France tout occupée des préparatifs de son Exposition universelle. Il voyait avec une rage mal dissimulée que ce pays avec une inébranlable volonté pacifique allait fêter de la façon la plus brillante le centenaire de la Révolution libératrice, qui avait renversé certains trônes et ébranlé les autres. Il constatait avec dépit que l'alliance franco-russe marchait à grands pas vers sa conclusion, sinon effective par un traité, tout au moins tacite et peut-être même scellée par des engagements réciproques. Il avait appris que, dans l'entourage du Tzar, on parlait d'un voyage de ce souverain à Paris pendant l'Exposition, on y disait aussi qu'une escadre russe, ayant à bord le grand-duc Georges, se rendrait pendant l'été de 1889 sur les côtes de France et que le fils du Tzar irait visiter l'Exposition, accompagné par les officiers de l'escadre.

Tout cela contrariait ses projets d'écrasement de la France, rendant l'issue de la lutte de moins en moins certaine et, pour mettre de nouveaux atouts dans son jeu, il entreprit de faire entrer l'Angleterre dans l'alliance gallophobe.

Au commencement de 1888, sir Charles Dilke, qui avait été, sous le cabinet Gladstone, l'un des chefs du *Foreign Office*, publiait en effet dans une des plus importantes revues de son pays un article où il écrivait :

« Il reste établi que les représentants autorisés de la triple-alliance disent depuis plusieurs mois à ce pays. Nous souhaitons que vous marchiez tout à fort d'accord avec nous par la raison que vous profitez actuellement, sans rien donner en retour, de la politique qui oblige la France et la Russie à se tenir tranquilles, et qui sauve la Turquie. Nous ne vous demandons pas un soldat, nous en avons assez pour maintenir la paix; nous vous demandons seulement, dans certaines éventualités, d'empêcher la flotte française d'exterminer la flotte italienne.

« L'Angleterre n'a donc qu'à faire un signe pour prendre la place qui lui est offerte dans l'alliance des puissances centrales et de l'Italie; il ne tient qu'à elle de s'assurer les avantages de l'association par une complaisance, même limitée, à ces termes. J'ai des raisons de croire que lord Salisbury a, jusqu'à un certain point, donné satisfaction aux vœux des puissances centrales... »

Une telle révélation venant d'un tel homme pouvait à bon droit être considérée comme une vérité, et l'émotion fut grande chez les Anglais qui gardaient quelques sympathies à la France, chez ces mêmes individus qui ne voyaient pas sans une peine amère l'invasion lente du haut commerce et surtout de la haute banque de Londres par les compatriotes et les coreligionnaires de Rothschild et de Bleichroeder.

Bientôt après, les paroles que l'amiral Hewett, ce sauvage qui avait mis à prix la tête d'Osman Digma, prononça à Gênes, malgré le timide désaveu de l'amirauté, vinrent confirmer le dire de Sir Charles Dilke, qui fut encore appuyé par certaines déclarations de lord Salisbury. D'ailleurs, une femme de l'âge de la reine Victoria ne se dérange pas et n'entreprend pas les voyages qu'elle avait accomplis pour faire de simples visites de courtoisie aux souverains de la triple alliance à Insprück et à Berlin et, lorsque Sir James Fergusson éprouva l'embarras que l'on sait pour répondre aux questions si nettes et si catégoriques que M. Labouchère lui posa à la chambre des communes, il devint évident pour tout le monde, qu'entre la triple alliance et l'Angleterre, était intervenu un traité secret garantissant le concours de la Grande-Bretagne tout au moins pour le maintien du *statu quo* dans la Méditerranée.

D'un autre côté, la manie des classes dirigeantes en Angleterre avait été flattée, peut-être inconsciemment, par un écrivain français facilitant ainsi la tâche entreprise par M. de Bismarck.

Lorsque parut en Angleterre *La Bataille de Dorking*, ingénieux pamphlet où son auteur racontait le débarquement de l'armée française

en Angleterre, la marche sur Londres, la
prise et le sac de cette ville par nos troupes,
l'émoi fut grand dans toute l'étendue du
royaume uni, et la publication du livre eut
pour résultat une augmentation de crédits pour
garantir les côtes anglaises contre cette éventualité. Depuis lors, et presque périodique-
ment, l'Angleterre se donne la même émotion
voulue et les classes dirigeantes agitent dans
les journaux l'épouvantable spectre d'une
descente des Français dans l'Ile. Invariable-
ment, on augmente les crédits et les bons
cokneys, les fils de marchands qui tous appartiennent aux corps de *volunteers* et ne sont
pas plus braves parce qu'ils jouent aux so-
dats dans des exercices assez semblables à
ceux de nos bataillons scolaires, tous ceux-là
applaudissent des deux mains au vote de ce
patriotic bill; mais ce vote se traduit ensuite
pour eux par une augmentation d'impôts et,
lorsqu'il leur faut payer quelques shellings
en plus de leur *Income Tax*, ils se persuadent
aisément que le danger est réel et cette idée
que la France est pour l'Angleterre une ennemie héréditaire ayant maintenant pour objectif
l'invasion de son territoire et la ruine de son
commerce suffirait, seule, à leur donner la
chair de poule et n'en pénètre que plus aisément dans les couches profondes au pays.

Jusqu'en 1887 ces menaçantes idées n'avaient germé que dans des cervelles anglaises ; mais, lorsque parut en France une brochure intitulée : *Plus d'Angleterre !* dans laquelle était racontée, non pas hypothétiquement, mais comme un fait accompli, le débarquement des troupes françaises à Brighton suivant de près une défaite maritime de l'Angleterre, la fuite en déroute des *volunteers* de Surrey, d'Essex et de Sussex, le combat de Tunbridge-Wells et la bataille décisive de Tunbridge où le meilleur de l'armée anglaise était littéralement broyé, puis la prise de Londres, la révolution, l'abdication de la Reine et finalement le morcellement du vaste Empire britannique, alors la frayeur de John Bull ne connut plus de bornes et les éditions de la traduction anglaise se succédèrent et s'enlevèrent avec une étonnante rapidité.

La masse populaire en fut si bien atteinte, il y eut tant de gens qui, ayant lu, ou plutôt dévoré, le petit volume dans leur nuit sans sommeil, qui, le lendemain, dès l'aube, s'en allèrent d'un pas, rendu plus rapide par la peur, voir si le drapeau français ne flottait pas sur la tour Beauchamps [1], au dôme de Saint-Paul ou à Westminster, que le contre-coup de

---

[1] Ancienne prison d'État. L'une des tours du Château-fort qu'on appelle improprement *Tour de Londres*.

cette émotion se fit sentir jusque dans les plus hautes sphères.

Le lendemain de l'apparition de *Plus d'Angleterre !* à Londres, tous les cockneys de la cité, pérorant, aux trois quarts ivres, dans les réunions des *temperance societies*[1], lançaient contre la France le *Delenda Carthago* et chantaient : *By Gingo*[2].

L'œuvre de M. de Bismarck avait ainsi trouvé un très inconscient (nous voulons le croire) et très utile collaborateur dans l'auteur anonyme de *Plus d'Angleterre !* et cette publication, faite en France, fut presque certainement l'un des facteurs les plus importants de l'entrée de la Grande-Bretagne dans l'alliance des puissances centrales.

D'un autre côté, M. de Bismarck n'avait pas manqué d'exploiter les sympathies que nourrissait la vieille reine Victoria, fille de Hanovre et grande buveuse de whisky, pour l'Allemagne, pays d'origine des eaux-de-vie de betteraves et de la famille dont elle était issue.

Il fit représenter au gouvernement de lord Salisbury que l'expansion coloniale de la France, bien qu'elle eût été condamnée par

---

[1] Sociétés de Tempérance, dont les membres s'engagent à ne consommer aucune boisson alcoolique.

[2] Titre et commencement d'une chanson chauvine anglaise.

le verdict du suffrage universel aux élections générales de 1885 et dans un grand nombre d'élections partielles subséquentes, était une menace perpétuelle pour la puissance coloniale et maritime de l'Angleterre; il fit valoir notre occupation de la Tunisie, nos soi-disant velléités d'intervention en Égypte, nos projets supposés de prise de possession de la Tripolitaine, et, enfin, frappant le grand coup, il agita fiévreusement et avec rage le spectre menaçant d'une alliance possible entre la Russie et la France, et toutes ces raisons ajoutées à la frayeur causée à John Bull par l'apparition de *Plus d'Angleterre!* suffirent à décider le cabinet de Saint-James à entrer dans la triple alliance.

Tout était fait au commencement de 1888 lorsque parut l'article de sir Charles Dilke et pourtant en mars 1889, lorsque le comte Herbert de Bismarck se rendit à Londres pour arrêter les derniers termes de cette entente, la *Morning Post* jeta feu et flammes contre ceux qui osaient prétendre que l'alliance anglo-allemande était chose faite.

Il est vrai que, d'un autre côté, le journal *l'Italia* publiait, sous le titre : *L'Angleterre et la Triple Alliance*, les lignes suivantes :

« Deux points capitaux sur lesquels lord Salisbury et M. Gladstone se trouvent en parfait accord, sont l'e-

quilibre de la Méditerranée et le maintien de la paix
en Orient. Et comme le but de la triple alliance est en
tout point conforme à celui de la Grande-Bretagne, son
appui moral et, le cas échéant, son concours matériel
ne sauraient manquer le jour où il s'agirait de défendre
ces deux grands principes ou si l'on aime mieux ces
deux grands intérêts.

« Le voyage du comte de Bismarck à Londres doit
par conséquent être considéré comme un élément de
plus à ajouter à ceux que nous possédons pour nour-
rir l'espoir que les dangers qui menacent la paix seront
écartés et qu'on pourra assister sans crainte, pendant
longtemps encore, aux complications des États Balkaniques. »

Que dire de la comparaison qui s'impose
entre les dénégations de la *Morning Post* et les
affirmations de l'*Italia?*

À la fin de mars 1889, l'alliance anglo-allemande, quoi qu'en pussent dire les journaux
anglais, était faite et parfaite; le comte Herbert de Bismarck en avait été arrêter les derniers termes avec lord Salisbury et le voyage
de Guillaume II à Londres au mois de juillet
n'avait eu d'autre but que l'échange des si-
gnatures, entre lui et sa grand'mère, au bas
de l'*Agreement* qui liait l'une à l'autre les
deux nations.

Désormais l'Allemagne pouvait nous assaillir sans que, dans l'esprit de M. de Bismarck,
l'issue de la lutte pût être douteuse. Les armées allemande, autrichienne et italienne
pourraient lutter, aidées et soutenues par l'or

de l'Angleterre, contre les armées russe et française, tandis que les flottes de ces deux nations seraient tenues en respect et, au besoin, anéanties par les marines anglaise, italienne et allemande combinées.

Tout avait réussi à l'homme étrange qui préside aux destinées de l'Allemagne et qui semble avoir fait un pacte sacrilège avec la Mort.

N'est-elle pas étrange en effet cette docilité du destin qui, tout en épargnant M. de Bismarck octogénaire, choisit pour les entraîner dans une tombe prématurément ouverte tous ceux qui, beaucoup plus jeunes que lui, sont ou peuvent être un obstacle aux projets de *l'honnête courtier* et n'est-il pas extraordinaire que de mystérieuses circonstances entourent presque toutes ces morts?

Skobeleff, Chanzy, Gambetta, Louis II de Bavière, Kattkoff, Frédéric III, l'archiduc Rodolphe ont gêné M. de Bismarck, et la Camarde docile est venue les prendre.

Quelles sorcières ont donc donné à cet homme un philtre contre les remords? La tache de lady Macbeth ne pourra-t-elle donc jamais hanter ses songes et hâter ses jours?

Ah! s'il ne doit mourir que le jour où une nouvelle forêt de Birnam marchera, qu'elle se mette donc en route pour marquer l'heure de la délivrance de l'Europe!

Et si elle est poussée en avant, si elle est excitée dans sa marche par les cris de douleur de tous ceux dont le sang couvre ses mains et les malédictions de tous ceux qu'il a spoliés dans leur nationalité la forêt ne marchera pas vers le Dunsinane où il se sera réfugié, elle y courra d'une vertigineuse vitesse.

CHAPITRE II

LES ILES DE LA MANCHE

Le 29 mars 1890, le *Times* publiait à la première page de son édition du matin, sous ce titre en gros caractères :

FRENCH COVETOUSNESS [1]

une note, d'autant plus perfide qu'elle était plus laconique, dont voici la traduction littérale :

« D'après une information de source très sûre, il paraîtrait que le gouvernement français a l'intention de faire arborer sur la Maître-Ile des Minquiers son pavillon national et de demander au Parlement les crédits nécessaires pour y construire un fort destiné à protéger la baie du Mont Saint-Michel.

« Un tel établissement militaire serait un empiétement inadmissible sur les droits du Royaume-Uni et une menace évidente pour les Iles du Canal que, à cause de la langue qu'on y parle, les Français ont toujours considérées comme une dépendance de leur territoire que l'Angleterre détiendrait injustement. »

Il n'en fallait pas plus pour émouvoir les marchands de la cité et les bons cokneys lon-

[1] Convoitises françaises.

doniens, et, sans se préoccuper de savoir quelle était cette source très sûre d'où le *Times* avait tiré son information, les *Jingoïstes* [1] firent éclater leurs clameurs de haine contre la France.

Avant de procéder au récit des événements auxquels cette note reptilienne donna naissance, il sera bon, pensons-nous, de mettre le lecteur bien au fait de ce que sont ces « Iles du Canal » et ces Minquiers dont parlait le journal de la cité et, surtout, des incidents diplomatiques dont ces derniers avaient déjà été la cause ou le prétexte ; en un mot, quelques lignes d'histoire ne pourront que faciliter la compréhension parfaite des chapitres qui vont suivre.

Dans la vaste échancrure qu'une puissante secousse géologique a faite jadis au flanc de la côte normande et où se ruent depuis lors, rongeant les falaises ou léchant les grèves, des courants d'une irrésistible violence, se dressent, vestiges des anciennes terres, épaves éternelles arrachées au continent par le cataclysme de l'an 709, des rocs innombrables, redoutables écueils que le flux de la mer vient recouvrir presque tous en ne laissant plus émerger que les plus considérables et les moins dangereux d'entre eux, tandis que, sur les autres,

---

[1] Nom du parti chauvin en Angleterre.

le flot sursaute, se brise, moutonne et tache la glauque immensité de mouvants panaches d'écume.

Ils parsèment, ces récifs, pour la plupart innomés, de leurs dents de granit toujours prêtes à déchirer les carènes des barques aventureuses, un coin de mer tellement dangereux que les marins, pourtant si hardis, ne traversent qu'en tremblant, et qu'ils ont nommé le *Passage de la Déroute.* S'allongeant contre la côte ouest du Cotentin, le Passage n'est fermé vers la haute mer que par cette ligne d'îles plus grandes: Auregny, Guernesey et Jersey, barrière bien impuissante pour arrêter les formidables masses d'eau qui viennent, mugissantes, ronger les côtes de cette baie merveilleuse, qui s'incurve entre Cancale et Granville et au fond de laquelle s'élève, bravant le flot, l'un des plus merveilleux joyaux que nous ait légués l'art architectural du moyen âge, le Mont Saint-Michel.

Et là, dans ce Passage de la Déroute se dressent plus ou moins élevés, plus ou moins menaçants, des plateaux rocheux toujours à demi submergés. Ce sont d'abord les Pierres de Lecq, les Dirouilles, les Ecrehou, le Banc de l'Ecrevière, les Basses de Taillepied, les Bancs Fêlés entre Jersey et le Hâvre de Portbail, la Fourquie, les Arconies, les Bœufs entre Jersey et

Coutainville; les Chausey, la Catheue, les Ardentes et les Minquiers sur la route de Granville à Jersey; enfin, plus à l'ouest, en dehors du Passage, entre Saint-Brieuc et Guernesey, ce sont le Grand-Lejon, Barnouic, et aussi ces Douvres que Victor Hugo a rendues célèbres en les prenant pour théâtre du combat de Gilliatt avec la pieuvre, l'une des plus belles pages des *Travailleurs de la mer*. Mais tous ces groupes que je viens de nommer par des appellations peu ou même point connues des lecteurs ne sont guère que des réunions d'îlots granitiques sur lesquels la seule végétation qu'on puisse espérer rencontrer consiste dans quelques chétifs varechs.

De tous ces groupes, trois seulement, les Ecrehou, les Minquiers et les Chausey comprennent quelques îles habitables: un seul, les Chausey, a des îles habitées. Tous les autres rochers ne sont et ne peuvent être que de tristes nids pour les mouettes et les goélands aux longues ailes grises ou blanches.

Les Ecrehou comportent trois îlots principaux: *Maîtresse-Ile, La Marmottière* et le *Colombier* qu'on appelle aussi *Blanque-Ile*; c'est sur cette dernière qu'habite, depuis 1845, un vieux pêcheur originaire de Jersey qui se nomme maître Philippe Pinel et qu'on a dérisoirement surnommé le *Roi des Ecrehou*. C'est un bourru, un misanthrope: c'est Alceste, mais

Alceste fruste, qui, las de voir les travers de
l'humanité, s'en éloignait le plus souvent possible, allant passer des semaines entières sur
ces rocs isolés, où croissent, seules, des mau-
ves sauvages, parce que la pêche y était fruc-
tueuse, et ne reparaissait à son île natale que
pour y vendre son poisson à une société qu'il
abhorre. Mais ces contacts, de moins en moins
fréquents et de plus en plus désagréables à
ce bourru, finirent par lui devenir tellement
insupportables qu'un beau jour, il porta dans
son bateau son ménage bien modeste, il y fit
monter sa femme, et larguant la voile et la ten-
dant au dur vent de *suroît*, il quitta Gorey et
dit pour toujours adieu à ce pays qui lui avait
donné le jour; il cracha sa haine à la face de
la société qu'il haïssait moins encore qu'il ne
la méprisait et il aborda à sa *Blanque-Ile*, n'y
apportant qu'un regret, celui du cognac ou
du whisky, qu'il n'irait plus chercher ni boire
à terre. La solitude lui fut douce, mais elle
déplut à mistress Pinel qui, profitant, un soir,
de la douce ivresse dans laquelle une bou-
teille de gin, apportée par des touristes, avait
plongé le *Roi des Ecrehou*, quitta l'ilot avec ces
visiteurs et retourna à Jersey pour y retrouver
cette société tant haïe de son époux. Lorsque
les fumées de l'alcool se dissipèrent le lendemain, rendant à son cerveau une lucidité mo-

mentanément disparue, et que le précaire souverain s'aperçut de la fugue de sa compagne, il en éprouva tout d'abord une certaine contrariété, mais bientôt la réflexion lui vint et, de cette fugue, il ne conserva ni colère ni regret. Il se dit simplement que, dorénavant, il ne travaillerait que pour lui seul au lieu de travailler pour deux et, bientôt après, il échoua pour jamais sa barque devenue inutile, car les poissons ou les coquillages qu'il pouvait prendre à la main sur les grèves ou dans les flaques laissées par le reflux suffisaient amplement à ses besoins de chaque jour.

Quelques cabanes de pêcheur se montrent seules sur la partie haute de la *Maîtresse-Ile* et, quant à la *Marmottière*, elle ne porte en fait de construction qu'une garçonnière, un simple vide-bouteilles que fréquentent, l'été seulement, quelques jeunes gens de Barneville, de Carteret ou de Saint-Hélier.

Des îles Chausey, dont la *Maître Ile*, presque la plus éloignée de Granville, n'en est distante que d'environ 16 kilomètres, le groupe se compose de près de trois cents îlots dont cinquante à peine se voient encore à marée haute et dont une douzaine, au plus, portent quelque peu d'une végétation terrestre. La *Maître Ile*, pourtant, qui est de beaucoup la plus importante, compte un certain nombre d'habitants, deux cent cinquante à trois cents, disent certains documents de statistique, et est dotée d'une source d'eau douce. Sur ce maigre îlot dont un marcheur très ordinaire ferait le tour complet en moins d'une demi-heure, les habitants, cultivateurs courageux et épris de leur petit domaine, font, à force de soins prodigués, pousser le blé et l'orge néces-saires à leur propre consommation. Ils y vivent une vie patriarcalement douce, ignorant les lois et les chicanes qui en naissent ; libres chez eux, maîtres chez eux, ils ne relèvent d'aucun Etat, d'aucun gouvernement et ne savent pas ce que c'est que payer l'impôt. Ils n'ont point de députés, point de sénateurs, point de par-lement, point de constitution et n'en sont pas plus malheureux, au contraire !

Au centre de la *Maître Ile* s'ouvre une car-rière de granit journellement et sérieusement exploitée qui fournit à la ville de Paris un grand nombre de ces dalles grises et polies qui forment les trottoirs de ses rues.

A l'ouest de l'archipel Chausey, au tiers à peu près de la distance qui sépare la *Maître Ile* de Saint-Hélier, se trouve le vaste et redou-table plateau des Minquiers que prolonge au nord-est le groupe moins important des Grelets. C'est un boursouflement sous-marin, à l'ossature granitique, qui s'étend sur 22 kilomètres de longueur, de l'est à l'ouest et 12 kilomètres de largeur, du nord au sud. Les rochers qui accidentent ce plateau sont encore plus nombreux que ceux qui mamelonnent les hauts fonds des Chausey, mais ils sont aussi beaucoup moins importants et un seul îlot qui, lui aussi, est appelé la *Maître-Ile*, garde son sommet à l'abri des plus hautes marées. Mais, abrupt et désolé, sans autre végétation que les algues marines et les goémons qui l'entourent d'une visqueuse ceinture, il ne porte qu'une douzaine de cabanes, dépôts ou refuges construits par les pêcheurs granvillais, malouins ou jersiais qui, seuls, y fréquentent; et ces pauvres huttes, dominant la haute mer d'une douzaine de mètres au plus, forment, véritables nids d'alcyons, un pittoresque petit hameau sur le sommet de ce rocher perdu.

Et ce sont ces trois misérables groupes, tous trois situés en pleines eaux françaises, qui ont pu tenter la cupidité pleine de morgue de cette Angleterre toujours envieuse, toujours jalouse et jamais satisfaite encore qu'elle possédât ces joyaux, les îles anglo-normandes qu'elle appelle les Iles du Canal : Jersey, Sercq Auregny et Guernesey, où l'on parle français, même pour rendre la justice, mais où, pourtant, flotte l'orgueilleux *flag* du royaume

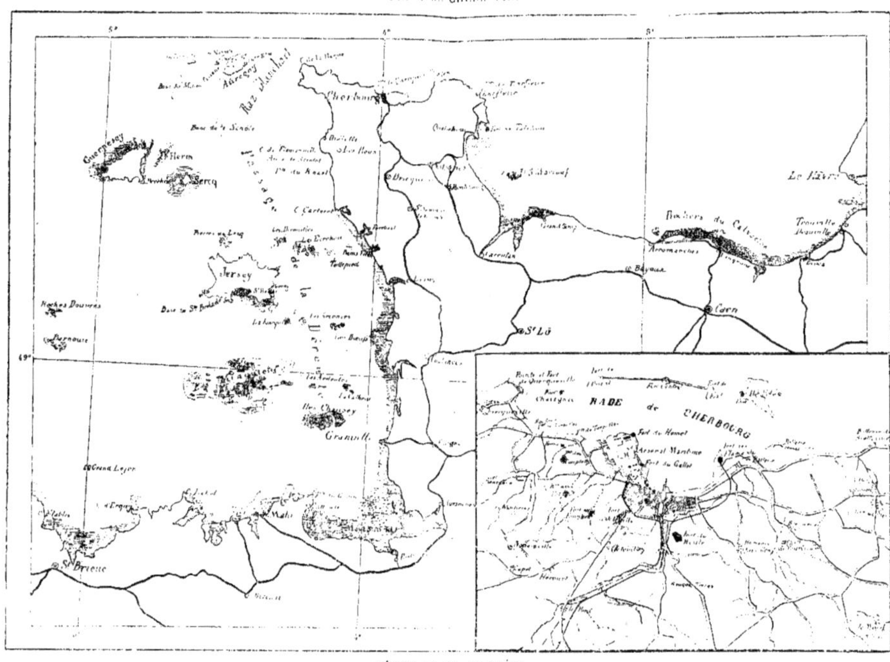

CÔTES DE LA MANCHE

mal-uni de Grande-Bretagne et d'Irlande.

Comme les Chausey, comme les Minquiers, comme les Ecrehou, comme tous ces récifs qui parsèment aujourd'hui le redoutable et redouté Passage de la Déroute, les îles anglaises ont autrefois fait partie de notre vieux continent dont elles furent violemment arrachées par le cataclysme du huitième siècle. La distance qui les séparent de la côte est bien petite : Auregny, qui en est la plus rapprochée, n'est qu'à 16 kilomètres du cap de la Hague, tandis que Guernesey, qui en est la plus éloignée n'est qu'à 42 kilomètres du cap de Flamanville. Ces îles, dont la population est très dense et où, chose assez singulière et digne de remarque, le nombre des femmes est proportionnellement beaucoup plus grand que celui des hommes, comptaient, d'après le dénombrement de 1881 :

	Kilomètres carrés	Hommes	Femmes	Habitants
Jersey	116	23.415	28.957	52.372
Guernesey . . .	65	15.158	17.221	32.379
Auregny	6	736	786	1.522
Sercq	3	274	304	578
			Soit au total . . .	86.851

habitants repartis sur une superficie totale d'environ 190 kilomètres carrés, ce qui donne la très belle moyenne de 457 habitants par kilomètre superficiel, soit 249 femmes et 208 hommes.

Lorsque l'armée romaine, placée sous le commandement de Publius Crassus, l'habile lieutenant de l'*imperator* romain, eut, à grand'peine, et grâce, seulement, au concours de Décimus Brutus qui détruisit leur flotte sur l'Atlantique, vaincu cette puissante confédération qui s'était formée autour et sous l'hégémonie de la belliqueuse peuplade des Vénètes ; lorsque, disons-nous, l'armée romaine victorieuse eut conquis la Normandie (an 53) et que Julius Cæsar lui-même vint à Coutances, les Iles de la Manche dont il entreprit aussitôt la conquête étaient déjà habitées depuis les temps les plus reculés. Il trouva Jersey qui s'appelait alors *Augia* et Guernesey qu'on appelait *Sarnia*, abondamment pourvues de monuments mégalithiques dont beaucoup existent encore aujourd'hui et que la population, sans avoir égard aux caractères particuliers de chacun d'eux, désigne du nom générique de *Poquelayes*[1]. Augia était, en outre, dotée d'un très important séminaire de Druides tandis que Sarnia, considérée dans la religion celtique comme un lieu sacré, avait été, de ce fait, consacrée à *Gwyn* (Saturne).

Le conquérant, s'il délaissa Guernesey, qui

---

[1] Certains monuments de même caractère sont désignés, dans la presqu'île du Cotentin, sous le nom de *Poquelées* dont la similitude d'origine se démontre d'elle-même.

ne le cède en rien au point de vue pittoresque à l'île voisine, s'éprit au contraire de Jersey et, surpris par la beauté de l'île, par la vigueur de sa luxuriante végétation et la douceur de son climat, il voulut, là aussi, laisser la trace de son passage en changeant le nom d'Augia en celui de CÉSARÉA [1].

Childebert Ier, troisième fils de Clovis et roi de Paris de 511 à 558, entreprit d'arracher ces îles à un chef normand qui s'en était emparé et en avait fait un véritable repaire de bandits ; fervent adepte et prosélyte de la religion à laquelle son père s'était soudainement converti, il en fit don à Samson ou Sampson [2], archevêque de Dol en Bretagne, pour qu'il y combattît le paganisme en y prêchant la religion du Christ. Celui-ci vint établir sa résidence à Guernesey où une église construite en 1111 à l'endroit où, dit-on, il débarqua dans l'île, a été consacrée à ce saint

---

[1] Jersey est désignée sous ce nom dans l'itinéraire d'Antonin et c'est de là que certains philologues, arguant de mutilations successives, prétendent faire venir la dénomination actuelle.

[2] *Sampson* est le nom anglicisé conservé par la tradition très imparfaite des îles, tradition qui ne s'appuie sur aucun document sérieux, puisque les archives, tant publiques que particulières furent brûlées lors de la peste de 1603. *Samson*, au contraire, est le nom fourni par les Bollandistes, s'appuyant sur les cartulaires des différentes paroisses du diocèse que dirigea ce prélat sanctifié plus tard par l'Église.

personnage duquel la ville la plus importante après le chef-lieu porte également le nom.

Affaibli par la vie d'austérités et de privations qu'il avait menée, Samson quitta l'île en y laissant quelques-uns de ses disciples et retourna dans son diocèse. Sentant que sa fin était prochaine, il assembla ses chanoines et leur fit promettre de lui donner pour successeur son cousin Magloire qu'il avait déjà élevé à l'archi-diaconat et qui avait géré le diocèse pendant son séjour aux îles. Magloire, dont le père, Umbrafel, gouverna plus tard les monastères d'Irlande, était né à Gwareg, grande paroisse du diocèse de Quimper vers la fin du ve siècle[1] : surpris par l'exemple de son cousin Samson, il s'était, avec toute sa famille, voué à la vie religieuse, mais ses goûts le portaient plutôt vers la solitude et la claustration que vers les grandeurs archiépiscopales. Il n'accepta donc son élection qu'à contre-cœur et, trois ans après, il résigna ses fonctions après en avoir investi un religieux nommé

[1] Les dates exactes de la naissance et de la mort de saint Magloire restent entourées d'une certaine obscurité. En effet, Albert Legrand place sa naissance en 535, tandis que Butler et Dom Lobineau le disent né vers la fin du ve siècle. Quant à sa mort, le désaccord est encore plus grand, car, tandis qu'Albert Legrand la dit survenue en 617, Butler la fixe au 24 octobre 575 et Dom Lobineau la dit arrivée seulement le 24 octobre 586.

Budoc, et se retira avec quelques-uns de ses moines dans un lieu solitaire entre Dol et la mer où, aidé par ses compagnons, il bâtit un petit oratoire et quelques cellules. Il espérait y trouver l'isolement, mais bientôt l'affluence des fidèles venant chercher ses exemples ou ses conseils devint si grande que Magloire résolut de quitter le petit monastère qu'il venait de fonder et d'aller dans les îles pour y reprendre et continuer l'œuvre d'évangélisation entreprise par Samson. Il partit donc, accompagné de 62 de ses religieux et et vint à Sercq qui lui paraissait, de toutes les îles du Cotentin, la moins abordable et, par conséquent, la plus propre à lui donner cet isolement qu'il recherchait. Dans cette pittoresque petite île que les Anglais appellent aujourd'hui *the gem of the Channel Islands*[1], il fonda un petit monastère sur les ruines duquel est construite la *Seigneurie* actuelle. Après avoir converti à la foi romaine la population de cette petite île, il passa sur la grande, entreprit la catéchisation de Jersey et, grâce à sa foi ardente, obtint la conversion d'un très grand nombre de ses habitants. Consacrant le reste de sa vie à cette œuvre de prosélytisme, il mourut en 575 et fut inhumé dans

[1] La perle des Îles du Canal.

une chapelle située sur la paroisse actuelle de Saint-Saviour[1]. Plus tard, devant l'invasion normande, les reliques de saint Magloire furent transférées, d'abord à Bayeux, puis à Paris, où elles font partie maintenant du trésor de l'église Saint-Jacques du Haut-Pas.

Magloire était mort depuis deux ans quand Prétextat, évêque de Rouen, élevé à la prélature depuis une trentaine d'années, arriva, exilé à Jersey. Mérovée, fils de Chilpéric Ier, était devenu éperdument amoureux de sa tante Brunehaut, veuve de Sigebert Ier, roi d'Austrasie, que Frédégonde avait fait assassiner à Vitry en 575, demanda au roi l'autorisation de l'épouser. Chilpéric, suivant en cela les conseils de celle qui était devenue sa femme après avoir été sa maîtresse et qui poursuivait Brunehaut de sa haine, opposa un refus formel à cette demande. Mérovée s'enfuit alors avec Brunehaut et tous deux vinrent demander à Prétextat de bénir leur union. Celui-ci qui n'ignorait pas l'opposition du roi consentit à ce qu'on lui demandait afin d'éviter le scandale d'amours clandestines entre deux membres de la famille royale. Aussitôt Frédégonde obtint que Chilpéric réunît un concile à Paris et y fit juger Prétextat, accusé

[1] Saint Sauveur.

d'avoir violé les canons de l'Eglise en mariant le neveu avec sa tante, malgré l'opposition non ignorée du roi.

Prétextat comparut devant le concile. Là, Grégoire de Tours lui ayant officieusement promis l'indulgence royale et peut-être l'impunité s'il confessait loyalement les faits et qu'il en témoignât du repentir, il en obtint l'aveu que voulait Frédégonde. En effet, la faute était discutable, tandis qu'il n'y avait plus qu'à punir du moment que l'évêque accusé se reconnaîtrait lui-même coupable. Grâce à la perfidie de Grégoire de Tours, Frédégonde eut cause gagnée et Chilpéric prononça l'exil de Prétextat.

Celui-ci vint alors à Jersey en 577 et y continua l'œuvre entreprise par Samson et Magloire. Il réussit à grouper de nouveaux catéchumènes et demeura pendant sept ans dans les îles, visitant tour à tour chacune d'elles, et répandant la foi à laquelle il avait consacré sa vie.

Mais la haine de Frédégonde ne fut ni assouvie, ni même atténuée, et lorsque l'évêque put obtenir du roi l'autorisation de rentrer dans son diocèse, il fut de nouveau en but à la méchanceté de la reine. Celle-ci, en effet, était venue, pendant l'exil de Prétextat, habiter Rouen et y continuait la longue série de ses déportements et de ses crimes. L'évêque, n'écoutant que sa conscience, osa, à plusieurs reprises, les lui reprocher et poussa l'audace jusqu'à l'exhorter au repentir et à la pénitence. C'en était trop, et le 25 février 588, pendant que Prétextat, entouré de tout son clergé, chantait les matines dans la cathédrale, un scélérat dont Frédégonde avait armé le bras survint et le frappa de son poignard au pied de l'autel.

Un peu plus tard, au viiᵉ siècle, les Bollandistes nous apprennent le séjour dans les îles de saint Marcouf ou Marculfe, moine français qui fut l'auteur d'un formulaire des actes et contrats très usité dans les premiers siècles qui suivirent.

L'histoire reste muette sur les îles du Cotentin jusqu'en l'an 856 époque à laquelle Hastings, l'aventurier que certains historiens disent être danois pendant que d'autres le disent champenois, vint ravager les îles et y porter le massacre et le pillage. C'est pendant son incursion que fut mis à mort le pieux anachorète dont la capitale de Jersey a conservé le nom[1], lequel vivait alors sur un rocher situé à l'entrée du port principal de l'île

---

[1] Helluin, surnommé plus tard sous le nom francisé d'Hélier.

et tout voisin de celui où les Anglais ont plus
tard construit le château Elisabeth.

Vingt ans après, c'est un autre aventurier
qui s'empare des iles.

Le fils de Rogwald, seigneur de la Norwège
septentrionale, Hrolf, dont les historiens, fran-
cisant le nom, ont fait Rollon, ayant été banni
de son pays par Harald Ier, dit Haarfager[1] en
875, recruta des bandes de pirates et de
pillards et, se mettant à leur tête, il vint débarquer sur les côtes de la Neustrie en 876.
Arrêté d'abord par ses déprédations à l'embouchure de la Seine, il remonte bientôt le fleuve
et s'empare de Rouen dont il relève les murailles pour s'en faire, en quelque sorte, une base
d'opérations et un refuge pour le cas de revers, puis il saccage et pille le pays bessin,
Bayeux et Evreux, et s'enhardissant de plus
en plus par la molle résistance que lui oppose
le roi de France, il remonte la Seine et assiège
Paris qui résiste vaillamment (886). Appelé en
Angleterre par son allié Alfred, que l'histoire
a surnommé *le Grand* (peut-être parce qu'il
fut l'ami des pires bandits), qui fonda la dy-
nastie saxonne de l'autre côté du détroit, il s'é-
loigne des rivages saccagés de la Neustrie; mais,

[1] Harald Ier dit Haarfager (à la belle chevelure) conquit
la Norwège, s'en fit proclamer roi et mourut laissant la
couronne à Haquin Ier en 933.

attiré par la richesse du pays, il y revient au
bout de trois ans et s'empare successivement
de Nantes, d'Angers et du Mans. Malgré l'é-
chec qu'il subit devant Tours, il parcourt l'Orléanais et la Bourgogne, semant sur son passage les ruines et les deuils, et contraint le roi
Charles III, auquel l'histoire s'est contentée
d'appliquer le surnom de *Simple*, pour ne pas
être forcée de se montrer plus sévère, qui trem-
blait de se voir déposséder par cet aventurier
sans retenue, à lui acheter la paix par le
traité de Saint-Clair-sur-Epte en 911. Non con-
tent de s'être déjà fait reconnaître comme
légalement acquis certains territoires dont il
s'était emparé, le chef des bandes norwégiennes
se convertit au catholicisme et se fait baptiser
à Rouen par l'archevêque Francon. Le roi
Charles III, de plus en plus apeuré par ce
voisinage, sous la seule condition qu'il recevrait de Rollon l'hommage dû par le vassal
au suzerain, lui donna alors sa fille Gisèle et
érigea en duché au profit de Rollon la partie
de la Neustrie appelée depuis Normandie et
dans laquelle se trouvèrent englobées les Iles
du Cotentin.

De l'époque de l'incursion des barbares du
Nord datent d'ailleurs la plupart des noms que
portent encore aujourd'hui les Iles de la *Manche*. C'est ainsi qu'un certain nombre des pe-

tites îles de l'archipel ont gardé dans leur nom la désinence *hou*, qui signifie dans un des idiomes vieux tudesques employés par les envahisseurs northmen : habitation. C'est encore de cette époque que vient le nom de Jersey, dont la racine n'est autre que *Gersey* ou *Gery* (habitation sur l'eau).

C'est à cette époque qu'elles reçurent le système de hiérarchie administrative que le duc Rollon avait adopté pour ses États. C'est ainsi que Jersey fut divisée en quatre grands fiefs de haubert donnés par le duc à autant de seigneurs relevant directement de lui. Il en fut de même pour Guernesey et Auregny. « Toutes « ces divisions féodales, écrit François-Victor « Hugo, faites il y a 900 ans, subsistent encore. « Aujourd'hui, quand un tenancier meurt sans « héritier direct sur un de ces fiefs, le posses- « seur de ce fief a le droit, en vertu de la loi « agraire seigneuriale, de saisir la maison, le « champ, les meubles, le foyer du défunt, et « de jouir de la propriété pendant un an, sans « remplir le charges ni payer les rentes qui la « grèvent. »

Comprises dans le duché de Normandie nouvellement constitué au profit du gendre de Charles III, les îles suivirent les destinées de ce grand fief jusqu'au commencement du xiiie siècle et, pour cette longue période de trois

siècles, l'histoire ne rapporte à leur sujet aucun
événement ayant quelque importance. La couronne ducale de Normandie se transmit avec
ses fiefs et passa successivement des mains de
Rollon à celles de Guillaume Longue-Épée
(927-942), de Richard sans Peur (943-996), de
Richard le Bon (996-1027) et de Robert le
Diable (1028-1035), jusqu'à Guillaume le Conquérant (1035-1087).

Des cartulaires des églises du diocèse de
Bayeux établissent que Robert Ier avait donné
par charte l'île de Guernesey à l'abbaye du
Mont-Saint-Michel. Son fils, Guillaume le Conquérant, confirmant la charte de son père, donna
à cette même abbaye six paroisses de Guernesey et les îles de Sercq et d'Auregny. Mais
la donation faite par les deux ducs ne pouvait avoir qu'une valeur bien précaire, puisque
déjà le roi Childebert avait donné tout l'archipel en apanage à l'archevêque de Dol, saint
Samson, et que le Mont-Saint-Michel relevait
de ce diocèse.

Vers la même époque, le groupe des Ecrehou fut donné par le duc de Normandie à un
monastère du diocèse de Bayeux ; une chapelle y fut construite sur la Maître-Ile dont
les ruines sont indiquées sur une carte de Ma-
riette, publiée en 1687. Herm, également donnée
à un monastère, eut à la même époque une

chapelle et un couvent de cordeliers [1] dont les ruines existent encore.

Lorsque Guillaume Ier, dit *le Bâtard*, et plus tard *le Conquérant* eut enlevé l'Angleterre à l'usurpateur Harold qui, fils du comte Godwin, s'était fait proclamer roi à la suite de la mort d'Edouard III *le Confesseur*, et qu'il l'eut vaincu et tué à la bataille d'Hastings, Guillaume joignit sur sa tête, à la couronne ducale de Normandie, la couronne royale d'Angleterre. Toutefois les possessions du nouveau roi en France n'étaient pas devenues dépendances du royaume d'outre-Manche : le roi d'Angleterre était, en tant que duc de Normandie, le vassal du roi de France, tenu à l'hommage envers son suzerain. Lorsque la couronne d'Angleterre et le duché de Normandie furent passés aux mains des Plantagenets, Richard Ier, dit Cœur de Lion, se joignit aux souverains du continent et, laissant la régence à son frère Jean sans Terre, dernier fils et favori de leur père Henri II, il partit pour la Terre-Sainte en 1189, en compagnie de Frédéric Barberousse, empereur d'Allemagne, et de Philippe-Auguste, roi de France. Le succès de la troisième croisade fut brillant, mais, des trois souverains qui y étaient partis, seul, Philippe-Au-

---

[1] D'autres disent un couvent de franciscains.

guste put rentrer dans ses États; Frédéric se
noya dans le torrent de Celef et Richard fut
retenu prisonnier par Léopold d'Autriche.

Quand, après une longue captivité en Allemagne, il retourna en Angleterre moyennant le
paiement d'une forte rançon à l'empereur
Henri VI, fils et successeur de Frédéric Barberousse, il trouva un pays que la régence de son
son frère avait épuisé, car il en avait dilapidé les
finances et l'avait accablé d'exactions sans nom
et sans nombre. Jean avait même tenté d'usur-
per la couronne. Richard, voulant vider les dé-
mêlés qu'il avait avec Philippe-Auguste entreprit une guerre contre celui-ci, mais il fut mor-
tellement blessé à l'attaque du château de
Chalux d'une flèche lancée par un chevalier limousin du nom de Bertrand de Goudon, accom-
plissant une vengeance personnelle en même
temps qu'il servait le roi de France. Aussitôt que
Richard fut mort, Jean sans Terre, au mépris
des droits de son neveu Arthur, duc de Bretagne, s'empara de la couronne d'Angleterre et de
tout l'héritage des Plantagenets en France. Cependant la cause du jeune Arthur trouvant des
défenseurs, Jean sans Terre fit emprisonner
son neveu à Rouen et, pour s'assurer la tran-
quille possession de la couronne qu'il usur-
pait, il résolut la mort du jeune prince. Il le
fit tuer dans sa prison ou même, d'après une

version plus dramatique et plus répandue, il le frappa lui-même au cours d'une promenade nocturne dans une barque sur la Seine et jeta son cadavre au fleuve (1202).

Devant ce forfait, Philippe-Auguste, qui voyait, avec une jalousie très compréhensible, le roi d'Angleterre étendre son pouvoir sur toute la partie ouest du royaume de France, conçut le projet de le dépouiller et, en sa qualité de seigneur suzerain des fiefs possédés en France par les Plantagenets, il cita Jean sans Terre devant les douze pairs (six ecclésiastiques et six séculiers) et comme le vassal ne comparut pas, Philippe-Auguste le déclara déchu de ses fiefs relevant de la couronne de France. Alors, avec l'aide de troupes mercenaires brabançonnes, il s'empara successivement de la Normandie, de la Bretagne, de l'Anjou, du Maine, de la Touraine, du Poitou, de la Guyenne, etc. Les grands de tous ces pays, abandonnés par Jean et surtout ceux de Normandie, essayèrent bien d'opposer une brave et vigoureuse résistance à Philippe-Auguste, mais elle fut inutile, et bientôt ils durent se soumettre et reconnaître le roi de France pour leur suzerain. Mais lorsque Philippe eut repris la Normandie, il négligea de s'emparer des Iles de la Manche, qui faisaient partie intégrante du duché et celles-ci demeurèrent en la possession de Jean sans Terre qui les rattacha directement à la couronne d'Angleterre.

Cependant quelques tentatives de reprises furent un peu plus tard exercées contre les îles, mais les seigneurs vassaux du duc y ayant victorieusement résisté, le roi d'Angleterre reconnut leur indépendance nationale dans une charte qu'il leur accorda.

Cette charte ayant été soustraite peu d'années plus tard, les successeurs de Jean sans Terre profitèrent de cette disparition pour envoyer dans les îles des gouverneurs munis de pleins pouvoirs, qui firent peser sur elle le joug de la plus odieuse tyrannie et se livrèrent à toutes sortes d'exactions pour satisfaire leur cupidité insatiable et honteuse.

Lorsque le plus jeune des fils de Philippe le Bel fut mort sans enfants, son neveu Philippe de Valois fut appelé au trône de France par le vœu de la noblesse (1328). Edouard III d'Angleterre protesta contre son avènement et, au mépris de la loi salique, arguant qu'il était par sa mère petit-fils de Philippe le Bel, il réclama la couronne malgré l'opposition de toute une noblesse peu disposée à se courber devant un souverain étranger, il s'attribua de son propre chef le titre et les armes de roi de France et déclara la guerre à Philippe VI.

considérant celui-ci comme un usurpateur. C'était la Guerre de Cent ans qui commençait.

Au cours de ces luttes intermittentes, éteintes aujourd'hui pour se rallumer demain, les Iles de la Manche furent à plusieurs reprises en butte à des incursions françaises.

Une première expédition fut dirigée en 1339-1340 contre l'île de Jersey. La plupart des insulaires se réfugièrent, au premier signal de l'invasion, dans le château-fort dominant le village de Gorey ou Gouray et la garnison, bientôt affamée par la présence de toutes ces bouches inutiles, eût certainement été contrainte à la reddition, quand la flotte française fut attaquée et détruite par la flotte anglaise devant le petit port hollandais de l'Ecluse (1340). Les Français durent évacuer l'île et regagner les côtes au plus vite pour ne pas risquer d'être pris à Jersey comme dans une souricière et lorsqu'en 1360, le roi Jean II dit le Bon étant prisonnier des Anglais, signa pour recouvrer sa liberté l'humiliant traité de Bretigny, il dut confirmer au roi d'Angleterre la possession pleine et entière des Iles normandes.

Cependant la guerre, éteinte un moment, allait bientôt reprendre et, pour occuper les troupes licenciées, plus connues sous le nom de Grandes Compagnies, auxquelles la paix avait fait des loisirs et qui les employaient à ravager les provinces. Bertrand du Guesclin se mit à leur tête et franchit les Pyrénées pour porter le secours de leurs armes à Henri de Transtamarre auquel Pedro le Cruel disputait le trône de Castille. Ce dernier ayant appelé à son secours le Prince Noir et Chandos, du Guesclin fut vaincu et fait prisonnier à la bataille de Navarette (1367). Il paya sa rançon, reprit la campagne pour Transtamarre et vainquit à son tour Pedro le Cruel à la bataille de Montiel (1369).

Henri de Transtamarre rétabli sur le trône, du Guesclin ramène les grandes compagnies en France et se met en devoir de reprendre au roi d'Angleterre les possessions que celui-ci avait en France. Il parcourt victorieusement, en en chassant devant lui les troupes anglaises, les provinces de Guyenne, Saintonge, Rouergue et Périgord, une partie du Limousin, le Ponthieu, la Bretagne moins Brest, et s'empare des villes de Normandie appartenant au roi de Navarre. De là, toujours à la tête de ses Compagnies auxquelles se sont joints des soldats espagnols, il fait une descente à Guernesey dont la tradition insulaire a conservé le souvenir sous le nom de *Descente des Sarragousais*. Quelques années après, du Guesclin, connétable de France,

retourne à Jersey en compagnie du duc de
Bourbon et met le siège devant le château de
Gorey[1], où s'étaient réfugiés les habitants de
l'île qu'effrayaient la réputation de du Guesclin et de ses troupes. Le connétable tenta
plusieurs fois l'attaque de vive force, mais
toute sa science militaire et toute sa bravoure
vinrent se briser contre cette forteresse inexpugnable qui domine la mer de trois côtés et
n'est reliée à la terre que par un étroit promontoire rocheux. Peu de places ont eu
l'honneur de repousser les assants du preux
chevalier, aussi le château de Gorey, en souvenir de sa vaillante et victorieuse résistance,
reçut-il le nom de *Montorgueil*, qui lui est
resté. Cependant, la garnison ayant reçu des
renforts importants, du Guesclin dut lever le
siège et retourner en France.

La guerre des Deux Roses ayant éclaté en
Angleterre entre les deux maisons d'York et
de Lancaster, le roi Henri VI qui appartenait
à cette dernière famille donna les îles normandes au roi de France, Louis XI, moyennant que celui-ci enverrait en Écosse un
secours de 2.000 hommes pour l'aider à combattre la maison d'York.

[1] La tradition prétend que les fondations de ce castel datent
du voyage de Julius Cæsar dans les îles du Cotentin.

Mais si le roi d'Angleterre avait consenti à ce marché, les habitants de Jersey n'y consentirent point et, sous la conduite de Philippe de Carteret, seigneur de Saint-Ouen, ils prirent les armes pour résister à l'invasion française. Toutefois, Maulevrier que Louis XI avait placé à la tête de l'expédition et nommé gouverneur de l'île réussit à s'emparer par surprise du château de Montorgueil en escaladant pendant la nuit un rocher de deux cents pieds de haut. Les Français tenaient ainsi la partie est de l'île, mais Philippe de Carteret ne désarma pas et maintint l'autorité du Roi d'Angleterre, au mépris du marché passé entre celui-ci et le roi de France, sur la partie occidentale de l'île.

La maison de Lancaster ayant été vaincue et la maison d'York accédant au trône en la personne d'Edouard IV, celui-ci considéra naturellement la convention intervenue entre Louis XI et Henri VI comme entachée d'illégalité, la déclara nulle et de nul effet et ordonna à l'amiral Harliston de se porter au secours de Philippe de Carteret pour l'aider à déloger les Français de l'île.

Maulevrier, pendant le peu de temps qu'il passa là, y créa une organisation politique qui subsiste encore aujourd'hui. Cette organisation avait pour but de donner au peuple, divisé en paroisses, une influence directe sur l'élection des magistrats et d'enlever au gouverneur remplissant les fonctions de bailli son pouvoir arbitraire et absolu. Une assemblée locale nommée *Etats* fut établie sur le modèle de celles qui existaient déjà dans les bailliages normands. Elle se composait des douze curés des paroisses, de douze connétables élus par les paroisses et remplissant dans les paroisses des fonctions similaires à celles de nos maires, et de douze jurés choisis parmi la noblesse.

L'amiral Harliston réussit avec l'aide de Philippe de Carteret à affamer Maulevrier et ses soldats dans le château de Montorgueil (Gorey); ceux-ci durent capituler; mais ils n'acceptèrent de rendre le château qu'à la condition qu'ils en sortiraient avec les honneurs de la guerre et auraient la liberté de s'embarquer pour retourner en France (1463). Harliston devint gouverneur de l'île et son premier soin fut de détruire l'œuvre de Maulevrier, puis il imposa à l'île des vexations sans nombre et, pendant un siècle, ses successeurs l'imitèrent si bien que la reine Elisabeth (1558-1603) craignant que les populations, lasses enfin des exactions dont on les accablait, ne se soulevassent et n'appelassent les Français dans l'archipel, finit par se décider à accorder des libertés. Les *Etats* furent reconnus tels que les avaient constitués l'ordonnance de Maulevrier, mais dans l'intervalle, la réforme ayant été importée dans les îles par des réfugiés français fuyant leur pays ravagé par la Saint-Barthélemy, les douze curés représentant le clergé dans les Etats y furent remplacés par douze pasteurs calvinistes.

Pendant la guerre d'Edouard VI avec la France, les Français tentèrent encore de s'emparer de Jersey et, en 1549, opérèrent un débarquement à la baie de Bouley, au nord-est de l'île; mais les envahisseurs furent repoussés par les habitants qui prirent les armes, et durent regagner leurs vaisseaux. Un siècle après, les îles furent de nouveau tourmentées par la guerre et lorsque l'Angleterre se divisa, sous Charles Ier, en royalistes et en parlementaires, Jersey prit chaudement parti pour le roi; les parlementaires vinrent mettre le siège devant le château Elisabeth (Saint-Hélier) pendant que la flotte de Cromwell bombardait Montorgueil, qui se rendit presque sans résistance, et la jolie petite ville de Saint-Aubin (1651).

Le château Elizabeth, ayant pour gouverneur Georges de Carteret, aurait résisté longtemps aux attaques des parlementaires, mais la poudrière ayant sauté au bout de six semaines de siège, ouvrant une brèche et privant les défenseurs de munitions. Georges de Carteret dut se rendre, mais il obtint pour la garnison les honneurs de la guerre.

A Guernesey, les parlementaires eurent plus de peine et employèrent bien plus de temps à s'emparer du *Château Cornet*. Pourtant, à l'encontre de leurs voisins de Jersey, les Guernesiais avaient pris parti pour le parlement contre le roi. « *En vain*, dit M. Th. Le Cerf, le *gouverneur, retranché dans le Château Cornet, lançait sur la ville force boulets pour raviver dans le cœur des habitants les sentiments de fidélité, Guernesey ne se rendit pas et ce fut le château qui dut céder, grâce au concours décisif que la flotte de l'amiral Robert Blake vint apporter à la ville.* » Le Château Cornet se rendit le 10 décembre 1651, après neuf ans passés de siège, et Saint-Pierre-Port cessa de recevoir les boulets qui étaient censés devoir lui rappeler la sollicitude du roi Charles Ier pour son peuple.

Un nouveau siècle de tranquillité commença pour les îles qu'avaient déchirées les luttes politiques, mais pendant ce temps elles devinrent petit à petit de véritables nids de pirates. Jersey surtout, dont les côtes offrent d'assez bons abris aux navires de faible tonnage, semblait être devenu le repaire de tous les écumeurs.

de mer. C'est de là qu'ils partaient pour aller harceler et piller les navires français qui s'aventuraient dans les parages de l'île. En 1755, sans qu'il y ait eu déclaration de guerre, trois cents navires furent capturés en un seul mois par les corsaires jersiais. Pour mettre fin à un tel état de chose, le gouvernement de Louis XVI résolut de s'emparer de Jersey et chargea le baron de Rullecourt, gentilhomme des environs de Lille, de la conduite de cette expédition.

Rullecourt, plein d'une aventureuse audace, débarqué de nuit dans la baie de Grouville, se présenta dès l'aube devant Saint-Hélier, capitale de l'île, où commandait le major anglais Pierson et enleva la ville par surprise. Mais Pierson, ayant rapidement réuni et massé les milices rurales sur le mont Patibulaire, au nord de la ville, et le château Elizabeth ayant fermé ses portes, les Français se trouvèrent pris entre deux feux et durent mettre bas les armes après un terrible combat au cours duquel le baron de Rullecourt et le major Pierson trouvèrent la mort. A la suite de cette tentative malheureuse des Français sur l'île, le gouvernement anglais reconnut la nécessité de parer à toute nouvelle attaque en fortifiant la ville et fit construire sur la colline aux flancs escarpés qui la domine le fort Régent, qui ne fut achevé qu'en 1807.

L'Angleterre en possession de ces joyaux qui s'appellent Jersey et Guernesey et de cette forte et fière sentinelle maritime qui s'appelle Auregny aurait dû, on le croirait du moins, s'en tenir pour satisfaite, mais non! Tout ce qui, sur la Mappemonde, forme une tache blanche si petite qu'elle soit sur la mer bleue, n'est-il pas revendiqué par l'Angleterre? Albion ne prétend-elle pas toujours et quand même à la possession de toute terre ou de tout rocher que les eaux de l'océan découvrent? Le Royaume-Uni n'a-t-il pas toujours un appétit d'ogre pour dévorer toutes les proies, et ces îlots perdus, ces rocs abandonnés, les Chausey, les Minquiers et les Ecréhou, précisément parce qu'ils sont en pleines eaux françaises, ne devaient-ils pas tenter John Bull?

Sans remonter à de très vieilles revendications et en nous tenant aux plus récentes, nous voyons que déjà l'Angleterre, sous le règne de Louis-Philippe avait prétendu s'emparer non seulement du plateau des Minquiers et des Grelets, mais encore des îles Chausey dont pas une ne serait en quelque sorte à l'abri des coups d'un bon canon mis en batterie sur les falaises de Granville. Ce ne fut qu'à grand'peine et parce qu'il se chargea de coûteux travaux hydrauliques, tels que construction d'un phare, pose de bouées et de balises, à exécuter dans ces parages que le gouvernement français put en garder la possession.

L'Angleterre pourtant ne se tint pas pour battue et, à diverses reprises, souleva par ses prétentions des incidents diplomatiques qui n'eurent heureusement pas de suite. C'est ainsi que, lorsqu'en 1863 le gouvernement fit placer un bateau feu aux Minquiers, l'Angleterre fut prête à crier : Au voleur ! et que le cabinet de Saint-James fit montre de la plus vive émotion. La France répondit simplement qu'elle n'avait eu pour but que de parer aux dangers courus dans ces terribles parages par les nombreuses barques de pêche qui les sillonnent et l'affaire en resta là. Mais vingt ans plus tard, après avoir mis d'abord la main sur les *Casquets*, qui semblent être une sentinelle avancée à l'ouest d'Auregny, où il construisit un phare confié aux soins de trois gardiens du *Trinity Board*, le gouvernement anglais se mit en tête de détruire la précaire souveraineté du *Roi des Ecrehou* et, en 1883, rattachant simplement ces rochers à la paroisse administrative de Saint-Martin de Jersey, il y fit dresser, à côté de la cabane du père Pinel, pauvre roi sans sujets, un mât où le jour même on hissa l'orgueilleux *flag* des oppresseurs de l'Irlande.

Le gouvernement français laissa faire et, malgré notre droit historique incontestable, il permit aux Anglais de s'y installer, oubliant le fameux distique :

Laissez leur prendre un pied chez vous
Ils en auront bientôt pris quatre.

On verra par la suite combien il nous fut funeste.

Le gouvernement anglais avait à grand'peine refréné ses velléités de s'emparer des Minquiers ou plutôt il les avait seulement dissimulées avec soin car il nourrissait toujours secrètement ces mêmes projets et n'attendait qu'une occasion favorable pour les remettre au jour et les exécuter.

A maintes reprises, sur des informations pour la plupart erronées, des questions ou des interpellations avaient été lancées dans le Parlement anglais au sujet de ces misérables rochers stériles et sans valeur.

Après bien des tentatives infructueuses, les jingoïstes ont enfin réussi et, pour satisfaire à l'orgueilleux appétit de l'Angleterre, ce sont ces quelques rocs dénudés, ne valant même pas le prix de la dynamite qu'on emploierait à les faire sauter pour en débarrasser la navigation qui les redoute, qui viennent d'être l'objet ou plutôt le prétexte d'une guerre sanglante entre deux peuples dont les anciennes haines, longtemps endormies, se sont soudainement réveillées plus furieuses et qui ont failli jeter l'Europe en proie aux luttes, aux ruines, aux larmes et aux deuils d'une conflagration générale dans laquelle des millions d'hommes se seraient, dans une rage folle, rués les uns contre les autres.

CHAPITRE III

LE CASUS BELLI

M. de Bismarck, avons-nous expliqué plus haut, voulait à tout prix que la France tirât le premier coup de canon et, trompé dans son espoir et dans sa volonté par l'échec piteux des provocations qu'il avait ordonnées tant sur la frontière allemande que sur la frontière italienne, tant par le procès de Leipzig que par l'affaire de Massaouah, il demanda à sa nouvelle alliée l'Angleterre de mettre le feu aux poudres et ce fut l'orgueilleux journal de la Cité, le *Times* qui, tout heureux de trouver une occasion de justifier les nombreuses et lourdes traites qu'il avait tirées sur le fond des reptiles et, entre autres occasions, pour payer les énormes frais de son procès contre M. Parnell où un chevalier d'industrie, du nom de Pigott, lui avait coûté cher, tout en le servant peu, ce fut, disons-nous, le *Times* qui lança l'affaire en publiant la note perfide dont la traduction littérale figure en tête du précédent chapitre.

La *question des Minquiers* était ainsi très habilement ramenée sur l'eau et, le jour même de l'apparition de cette note, le docteur Cameron montait à la tribune de la chambre des Communes et interpellait le sous-secrétaire d'État au Foreign Office.

Ce n'était d'ailleurs pas la première fois que ce député et ce ministre discutaient sur cette question, car déjà, au mois de juin 1888, le docteur Cameron, apportant au Parlement l'écho d'un bruit sans fondement, avait questionné sir James Fergusson pour savoir s'il était vrai que le pavillon français eût été arboré sur la Maître-Ile des Minquiers. A cette question, le sous-secrétaire d'état répondit que le cabinet britannique n'avait aucune raison de croire que le drapeau français eût été arboré sur ces ilots, mais que, toutefois, il n'ignorait pas que des balises y avaient été placées tout récemment, pour le plus grand bien de la navigation internationale.

A ce moment, la vérité était d'ailleurs que, les Minquiers se trouvant dans les eaux françaises et presque sous le canon de nos côtes, le gouvernement français, respectueux des conventions intervenues jadis par simples paroles, entre lui et le gouvernement anglais, entretenait sur les îles ou autour des îles des bouées et des balises et que, n'y ayant pu construire un phare, il y avait, dès 1863, fait placer un bateau-feu dans le but de diminuer les dangers que ces terribles récifs faisaient courir à la navigation; cette dernière question avait d'ailleurs, sur le moment, été agitée diplomatiquement et résolue de la façon la plus pacifique.

Mais la question, ainsi qu'elle était posée à nouveau par la note du *Times* du 29 mars, prenait, par le caractère militaire qu'on prêtait aux projets supposés du gouvernement français, une gravité bien plus grande que la note faisait d'ailleurs ressortir avec la plus insigne mauvaise foi dans son second alinéa, et ce fut précisément sur ce paragrahe que le *jingoïste* docteur Cameron appuya le plus dans la discussion de la chambre des Communes.

Un tel établissement militaire — avait dit le *Times* — *serait un empiètement inadmissible sur les droits du Royaume Uni et une menace évidente pour les Iles du Canal...* et alors M. Cameron, développant ce thème méchant et sournois avec une emphase digne d'une meilleure cause, fit ressortir, une à une, toutes les raisons qui commandaient impérieusement au cabinet Salisbury de s'opposer, fût-ce par la force, à la réalisation des progrès du gouvernement français.

Sir James Fergusson se retrancha tout d'abord derrière la source inconnue et peut-être mal renseignée d'où le *Times* avait tiré son information. Il fit valoir que l'ambassade anglaise de Paris n'avait rien communiqué au *Foreign Office* qui pût faire croire que le gouvernement français eût de telles intentions et que, pourtant, l'ambassadeur et son personnel avaient l'œil ouvert sur tout ce qui se passait ou qui se préparait en France et que le devoir de ces agents, fût-ce même à défaut d'un patriotisme aussi éclairé qu'incontestable et incontesté, était de se tenir étroitement au courant de tout ce qui pouvait toucher aussi spécialement aux intérêts les plus sacrés de leur patrie, intérêts que le gouvernement de Sa Majesté la Reine était non seulement capable, mais aussi très résolu à défendre avec la dernière énergie.

Les applaudissements de la presque unanimité des membres de l'assemblée appuyèrent chaleureusement le ton quasi belliqueux de cette partie de la déclaration de sir James Fergusson et le *Prime Minister*, qui était dans la salle et assistait à la séance, en donna lui-même le signal.

Le sous-secrétaire d'Etat, enhardi par ce succès, revint sur les projets prêtés au gouvernement de Paris et fit remarquer à l'as-

sembée que les rapports entre les deux gouvernements avaient toujours été empreints de
la plus grande cordialité, mais que, par contre,
le ton généralement employé par le *Times*
pour parler de la France avait toujours,
depuis quelques années, laissé transparaître
une animosité sourde que rien ne justifiait et
que lui, membre du gouvernement, était loin
d'approuver.

Ces paroles furent accueillies avec une froi-
deur marquée par la grande majorité de la
chambre et lord Salisbury, qui tout à l'heure
avait si chaudement applaudi, allongea soudainement sa mine tandis que, derrière lui, le
parti anti-allemand et les Irlandais applau-
dissaient avec une frénésie qui, pourtant, dis-
simulait mal leur petit nombre.

Le docteur Cameron remonta alors à la tribune et, dans une apostrophe virulente à
laquelle, on ne sait trop pourquoi, il mêla
l'affaire Parnell, mélangeant comme dans un
ragoût, l'Irlande et les Minquiers, le *Times* et
M. Parnell, sans que ces éléments divers
eussent entre eux, dans la question pendante,
la moindre affinité, ni la plus petite con-
nexion, il conclut en disant que son interpellation était d'un caractère trop grave pour rester
sans sanction et, écartant l'hypothèse de la
fausseté des informations du journal de la

Cité, demanda au gouvernement quelles mesures il comptait prendre pour s'opposer à la réalisation des projets du gouvernement français.

Lord Salisbury, qui tout d'abord s'était montré si satisfait d'une séance dont le compte rendu, pouvait dans le pays, faire si bien son jeu en excitant la méfiance contre la France, méfiance qui, bien cultivée, lui permettrait plus tard de faire avaler plus facilement, à son pays de commerçants et d'industriels forcenés, la pilule de cette alliance contractée — quasi honteusement et dans l'ombre — avec l'Allemagne, en la présentant comme le seul moyen propre à prévenir les velléités hostiles de la France, fut très médiocrement enchanté de la tournure que prenait le débat et ce ne fut qu'avec une très grise mine qu'il prit possession de la tribune, où il se sentit d'autant plus gêné qu'en y accédant il aperçut, dans la tribune réservée, les deux yeux de notre ambassadeur braqués sur lui. Evidemment les paroles qu'il allait prononcer auraient un grand effet. Il prit son temps et ne commença à parler que lorsque le brouhaha qui suit toujours l'apparition du *Premier* à la tribune se fut un peu calmé.

Il commença par dire qu'il voyait avec peine des questions aussi graves portées à la tribune du Parlement parce qu'un journal, — très respectable, c'est possible, mais dont les moyens d'informations peuvent ne pas toujours être très sûrs ni très dignes de foi, — avait lancé dans la circulation une nouvelle qui, si elle se vérifiait, pourrait amener les plus *grands désordres* dans les relations amicales que l'Angleterre entretenait avec la France ; mais qu'en tout état de cause, messieurs de la chambre des Communes pouvaient être certains que le gouvernement de la Reine n'aurait aucune hésitation et ne souffrirait pas que la neutralité actuelle des Minquiers fût violée par une prise de possession effective par la France.

Lord Salisbury avait parlé lentement, très lentement, pesant ses mots et sans perdre de vue la figure de l'ambassadeur français, cherchant à donner satisfaction au Dr Cameron et à ses amis, mais sans toutefois se montrer trop hostile à la France. Tout l'art déployé par le *Premier* pour ménager la chèvre et le choux ne pouvait être du goût du Dr Cameron et, de nouveau, celui-ci gravit la tribune.

— Je n'ai pas demandé — dit-il — au gouvernement de la Reine s'il comptait prendre des mesures pour protéger la neutralité des Minquiers, j'ai posé la question d'une façon plus précise et la réponse de l'honorable lord Salisbury l'élude complètement : je vais donc la renouveler : Je demande quelles sont les mesures que le gouvernement de la Reine compte prendre pour empêcher la réalisation des projets du gouvernement français ?

A cette question si directe, lord Salisbury cherchant un échappatoire répondit :

— Le gouvernement de la Reine n'aura, je puis vous affirmer, aucune hésitation et prendra, soyez-en certains, toutes les mesures, de quelque énergie qu'elles puissent être, que commandera la situation.

— Order[1] ! s'exclama alors le président, afin de tirer lord Salisbury du mauvais pas où allait fatalement l'engager cette discussion avec un ami aussi maladroit que l'était le Dr Cameron, et la Chambre des communes, plus docile à la voix de son président que ne l'a jamais été aucune chambre française, passa à l'examen de questions moins importantes et surtout moins brûlantes.

L'ambassadeur français quittant aussitôt la salle des séances s'en fut, au trot de deux vigoureux carrossiers, à l'hôtel de l'am-

___

[1] Order ! — en anglais : ordre ! c'est l'expression dont se sert le Président d'une assemblée pour déclarer un débat clos et faire passer à l'article suivant de l'ordre du jour.

bassade, et, le soir même, un attaché partait
pour Paris pour porter au ministre des affaires
étrangères le compte rendu complet du débat
et la nouvelle que le conseil privé s'était réuni
aussitôt l'issue de la séance des Communes
dans le but évident d'examiner la question.

Mais en même temps que notre attaché
d'ambassade franchissait le détroit, un cour-
rier anglais le traversait aussi apportant à
lord Lytton, ambassadeur à Paris, une note
destinée au gouvernement français.

Le lendemain 30 mars, les deux courriers
arrivaient simultanément à Paris et, en des-
cendant du Sleeping-Car, se rendaient l'un
au quai d'Orsay et l'autre à l'hôtel du faubourg
Saint-Honoré.

Le ministre des affaires étrangères, dès
qu'il eut pris connaissance de la dépêche de
notre ambassadeur, se hâta de faire demander au président du conseil de faire d'urgence
convoquer les ministres et il allait lui-même
se rendre à l'Élysée où il pensait rencontrer
le président du conseil, quand l'ambassadeur
de sa Majesté britannique se présenta à l'hôtel du quai d'Orsay. Notre ministre, en
toute autre circonstance, eût fait répondre à
l'ambassadeur qu'il était absent, car dix
heures du matin n'est point l'heure habituelle
des réceptions diplomatiques, mais devant la

gravité que prenaient les conjonctures par le fait même de cette visite matinale, il reçut aussitôt l'ambassadeur qui lui remit la note émanant du cabinet de Saint-James, et après lui avoir promis une réponse catégorique pour le soir même, il se rendit à l'Elysée.

En même temps que lui, les autres ministres arrivèrent successivement, déjà instruits par les journaux du matin de l'incident qui s'était déroulé la veille au Parlement anglais, et le conseil se réunit sous la présidence du chef de l'Etat. La délibération commença aussitôt, et le conseil décida tout d'abord qu'aucune communication ne serait faite aux journaux relativement aux mesures qu'on allait prendre. Puis le ministre des affaires étrangères communiqua à ses collègues la note du cabinet de Saint-James. Elle était ainsi conçue :

Le marquis de Salisbury à M. l'ambassadeur d'Angleterre à Paris.

Monsieur l'Ambassadeur,

Le Gouvernement de Sa très gracieuse Majesté la Reine, Notre Auguste Souveraine, s'est ému à bon droit d'un bruit répandu en Angleterre et d'après lequel le Gouvernement de la République française serait représenté comme ayant formé le projet de réunir à son territoire les îlots rocheux situés par 49° de latitude nord et 9°22' de longitude ouest, méridien de Green-

...hé et connus sous le nom de *Plateau des Minquiers* ... y construire un etablissement militaire.

S'il est évident que ces îlots rocheux n'ont par eux-mêmes, au point de vue territorial, aucune importance, il en serait plus de même, au cas où le Gouverne-ment de la République française nourrirait effective-ment les projets desquels il vient d'être parlé. Des con-versations diplomatiques intervenues entre les deux pays ont, d'ailleurs, réglé la situation de ces îlots qui sont restés neutres, mais autour desquels le Gouverne-ment de feu Sa Majesté le Roi Louis-Phi que avait pris l'engagement d'entretenir des bouées, balises, etc., et sur l'un desquels le même Gouvernement s'était égale-ment engagé à construire un phare destiné à préserver la navigation des dangers que ces récifs lui font courir.

Le Gouvernement de Notre Auguste Souveraine verrait donc avec plaisir le Gouvernement de la Répu-blique française opposer lui-même un démenti officiel à ces bruits qui sont de nature à troubler les bonnes relations existant entre les deux pays comme aussi entre les deux Gouvernements.

Vous voudrez bien déclarer officiellement au Gouver-nement de la République française que, s'appuyant sur le droit historique, le Gouvernement de Notre très gracieuse Souveraine considère les îlots des Min-quiers comme la dépendance naturelle et politique de l'archipel de la Manche et que, conséquemment, toute entreprise du Gouvernement de la République fran-çaise sur lesdits îlots ne saurait être regardée que comme une atteinte portée aux droits de la couronne d'Angleterre.

L'opinion unanime du conseil des ministres fut que le ton de cette note était volontairement arrogant et que si le ministère d'alors avait eu le tort de pratiquer la politique du « *laisser faire* » lorsque l'Angleterre avait, sans aucun droit, rattaché les *Ecrehou* à l'une des paroisses administratives de Jersey en 1883, l'honneur du pays commandait, au contraire, maintenant de ne pas permettre ce nouvel empiétement de l'Angleterre; le droit historique, invoqué par le cabinet de Saint-James était, en effet. complètement en faveur de la France et le conseil décida l'envoi immédiat à l'ambassadeur de France à Londres d'une note répondant catégoriquement à la note anglaise et opposant un démenti formel à l'invocation fantaisiste du droit historique faite par le chef au Foreign Office.

Le conseil des ministres examina ensuite la dépêche envoyée par l'ambassadeur de France et devina les intentions belliqueuses mal dissimulées sous les paroles ambiguës que lord Salisbury avait été amené à prononcer à la suite de l'interpellation, plus que maladroite dans son obstination, du Dr Cameron. Cette déclaration mettait le gouvernement français dans la nécessité de prendre, lui aussi, des mesures destinées à parer à toute velléité de prise de possession de la part de l'Angleterre, et le conseil décida de faire envoyer une canonnière de Cherbourg aux Minquiers. avec mission de veiller à la sécurité du bateau-feu ancré sur le plateau et de faire accompagner cette canonnière par un torpilleur chargé d'établir une communication constante entre les Minquiers et Granville, afin que le gouvernement pût être constamment tenu au courant des incidents qui viendraient à se produire sur ces rochers sans valeur auxquels l'ambition insatiable de l'Angleterre, sous l'instigation de M. de Bismarck, donnait désormais une importance politique relativement considérable.

Et tandis que cet ordre était transmis au préfet maritime commandant en chef le 1ᵉʳ arrondissement maritime à Cherbourg pour exécution immédiate, le Conseil adoptait pour être envoyée au Cabinet anglais par l'intermédiaire de notre ambassadeur à Londres, la note dont voici le texte :

Le ministre des affaires étrangères de la République française à monsieur l'ambassadeur de France à Londres.

Monsieur l'Ambassadeur,

En réponse à la note qui m'a été remise ce matin par monsieur l'Ambassadeur d'Angleterre à Paris et dont vous trouverez la copie sous ce pli, vous voudrez bien déclarer à son Excellence le Ministre des affaires étrangères de Grande-Bretagne que le Gouvernement de la République française ne saurait avoir à approuver ou à démentir une information publiée par un journal sur lequel le Gouvernement français n'a aucune autorité ni aucune action, et avec lequel il n'a et ne saurait avoir aucune communication même officieuse.

Le Gouvernement de la République française, tout en écartant formellement cette partie de la note du Gouvernement de la Reine et en refusant d'y répondre, ne saurait admettre non plus les prétentions du Gouvernement britannique, basées sur un prétendu droit historique, et aux termes desquelles le Plateau des Minquiers serait une dépendance naturelle et politique des Iles de la Manche et déclare que lesdits îlots se trouvant, par leur proximité à la côte, en pleines eaux françaises, le Gouvernement de la République devrait considérer comme une atteinte à ses droits territoriaux toute entreprise du Gouvernement britannique sur les récifs des Minquiers.

Cette note fut transmise aussitôt par voie télégraphique et sous le couvert du chiffre à notre ambassadeur à Londres, en attendant que le texte officiel pût lui parvenir par voie postale et en même temps le ministre des affaires étrangères fit tenir à l'ambassadeur d'Angleterre à Paris une autre note contenant les mêmes déclarations.

Mais, à côté de l'incident diplomatique ainsi réglé, un autre fait non moins important se présentait dont il convenait de prévenir le retour.

En effet, le *Times* montrait depuis quelques années envers la France une hostilité inconvenante et déjà à plusieurs reprises nos ambassadeurs, tant à Berlin qu'à Londres, avaient dû s'employer à détruire le mauvais effet produit par des notes émanées du correspondant parisien de ce journal.

D'ailleurs, ce correspondant ne se donnait aucune peine pour dissimuler l'amour qu'il a gardé à sa patrie d'origine qu'il n'a reniée que dans le seul but de pouvoir tout faire en éludant l'expulsion qui peut atteindre les étrangers reconnaissant mal notre hospitalité bénévole ou même niaise. Il s'introduisait partout et là surtout d'où on eût dû l'exclure, pour s'y conduire avec l'insolence dont il fit preuve à la cérémonie d'inauguration de l'exposition universelle, le 6 mai 1889 ; cet individu qui a trouvé le moyen de s'ennoblir en accolant à la roture de son nom de famille la sonorité tudesque de celui du village qui lui a donné le jour.

Il appartenait au ministre de l'Intérieur de rappeler à ce *citoyen français* (?) l'existence dans notre Code pénal de l'article 84, en vertu duquel on avait un an auparavant entamé des poursuites contre certains membres de la *Ligue des Patriotes*. Le correspondant du *Times* fut donc mandé immédiatement à la place Beauveau et sortit l'oreille basse du cabinet du ministre, où il n'était pourtant resté que quelques minutes à peine.

L'ordre envoyé par le ministre de la Marine au préfet maritime de Cherbourg était si pressant et si formel que celui-ci, aussitôt qu'il le reçut, donna les instructions nécessaires pour que la canonnière *Le Lutin* pût appareiller le lendemain. Les hommes de l'équipage qui, pour une cause quelconque, étaient momentanément absents, furent administrativement débarqués et replacés soit à la division, soit sur d'autres bâtiments, tandis que leurs remplaçants embarquaient effectivement et que la canonnière se ravitaillait de munitions et de vivres. Tout fut fait si rapidement que le 31 mars, une demi-heure après que le coup de canon de diane eut fait retentir sa voix dans Cherbourg endormi, le *Lutin*, quittant le port militaire allait, le pavillon national battant fièrement à son arrière, doubler la pointe de Querqueville en mettant le cap sur la Hague, suivi de près par un torpilleur détaché de la défense mobile.

Une heure s'était à peine écoulée après sa sortie de la rade, que la canonnière s'engageait dans le Raz Blanchard et bientôt après saluait le drapeau anglais flottant sur les remparts du *Château d'Etoc* à Auregny. Aperçu par les veilleurs, le passage des deux petits bâtiments fut aussitôt signalé télégraphiquement à Londres, bientôt où après une nouvelle dé-

pêche, venant de Jersey, annonçait leur passage en vue de Gorey, se dirigeant vers le
Sud.

Ces deux dépêches parvenant au gouvernement anglais presque en même temps que la
note française, lui fit craindre que le gouvernement français fût réellement animé des
projets que lui avait prêtés la note du *Times*;
mais, pour agir, il fallait que cette supposition
fût confirmée, et le meilleur moyen était d'envoyer aux Minquiers un des croiseurs à grande
vitesse dont est largement dotée la marine
anglaise, afin de constater *de visu* si, oui ou
non, le drapeau français flottait sur les îlots.
Des ordres dans ce sens furent immédiatement télégraphiés à Portsmouth et, le soir
même, un croiseur à grande vitesse, *le Mersey*,
quittait le grand port militaire anglais et faisait route vers le sud.

Le lendemain, 1er avril, lorsque le pâle
soleil d'un printemps à peine né dissipa les
brumes de la mer, un gabier de quart au bos-
soir de la canonnière française signala un
vapeur venant au nord. Les couleurs furent
aussitôt hissées et lorsque le vapeur continuant
sa route, se fut rapproché de la canonnière
qui se trouvait alors entre les Minquiers et
les Chausey et qu'à son tour il arbora son
pavillon, on reconnut en lui un navire de

guerre anglais. Les deux commandants de la canonnière et du torpilleur français estimant avec juste raison que le commandant du croiseur anglais devait être d'un grade plus élevé que le leur, abaissèrent par trois fois leurs pavillons et, à son tour, le *Mersey*, car c'était ce croiseur qu'ils avaient devant eux, les salua et continua encore un peu sa route vers le sud, puis, virant de bord, décrivit autour des Minquiers un large demi-cercle et prit sa course vers le nord-est, sans avoir, un seul instant, diminué sa vitesse. Il se rendait évidemment à Saint-Hélier.

Dès que le croiseur anglais se fut suffisamment éloigné, le torpilleur n° 92 prit sa course à son tour après avoir échangé quelques signaux avec le *Lutin* et, à toute vapeur, il fila vers Granville, d'où le capitaine allait expédier une dépêche rendant compte au ministre de la Marine et au préfet maritime du 1er arrondissement de la visite faite aux Minquiers par le *Mersey*.

Aussitôt son message envoyé, le capitaine, après avoir conféré avec les autorités maritimes et militaires de Granville, regagna son bord et s'en alla croiser entre les îles Chausey et les Minquiers, de façon à se tenir en communication constante à la fois avec le *Lutin* et avec le sémaphore de Granville qui devait le

prévenir de l'arrivée d'une dépêche de Paris
ou de Cherbourg. La journée tout entière se
passa de la sorte sans que le capitaine vît au
sémaphore le signal réglementaire ; la nuit
vint, vainement encore il attendit qu'une
fusée rayât le ciel et la nuit se passa dans
une croisière qu'une houle violente rendait
plus pénible à ce bateau mal équilibré que
d'effroyables coups de roulis menaçaient à chaque instant de faire chavirer. La canonnière,
elle, croisant plus à l'ouest, se tenait directement au sud des Minquiers, et mieux assise au
roulis, souffrait beaucoup moins de la houle,
fort dure dans ces parages.

L'aube du 2 avril se leva sans que le sémaphore de Granville eût rien signalé, et quand,
à onze heures du matin, ses grands bras se
détachant mal sur un ciel gris et bas, arbo-
rèrent quelques pavillons, ce fut pour dire
tant à l'un qu'à l'autre des petits bâtiments :

« *Rien de changé dans vos ordres. Restez* où
vous êtes ».

La houle pourtant ne faisait qu'augmenter
et, sur les grèves étroites des Minquiers et
des Chausey, les lames, courtes et rudes,
venaient déferler, furieuses. Vers deux heures
de l'après-midi la mer se fit soudainement si
grosse que le torpilleur dut songer à se mettre
à l'abri et, avec l'assentiment du capitaine de

la canonnière, il rentra à Granville, où il alla s'amarrer à côté des steamers de la *London and South Western Railway Company*, qui faisaient jusqu'alors le service des voyageurs entre la France et Jersey.

Le *Lutin*, lui, continua sa croisière, roulant et tanguant ferme et ayant à chaque instant son pont balayé par d'énormes paquets d'eau. car la mer était de plus en plus mauvaise. La nuit vint, et vers minuit la mer s'étant un peu calmée, l'équipage surmené put prendre un peu de repos.

L'aube allait bientôt paraître quand la vigie signala un navire. puis un autre, venant de l'ouest et quand, le soleil, se levant enfin. glissa sur la mer glauque des rayons obliques. le capitaine du *Lutin* reconnut à trois milles de lui le *Duquesne*, précédant le *Dubourdieu* de quelques encâblures seulement. Le *Duquesne*, portant le pavillon de commandement, hissa aussitôt les signaux pour demander au *Lutin*, d'abord où était le torpilleur nº 92 qui devait l'accompagner. et ensuite il lui posa cette question : Le *Mersey* a-t-il reparu depuis sa visite d'avant-hier matin?

Sur la réponse négative de la canonnière, le contre-amiral lui signala alors de faire rallier le torpilleur 92 et de rentrer avec lui à Cherbourg.

Le *Duquesne* et le *Dubourdieu* avaient quitté Brest le 2 au soir et, après une nuit de pénible navigation à travers les parages d'Ouessant et le long de la côte nord de la Bretagne, ils arrivaient là, le 3 avril, prêts à y recevoir comme il convenait la nouvelle visite que le *Mersey* ne manquerait certainement pas de venir faire aux Minquiers.

Les deux croiseurs attendirent toute la journée du 3 avril que le *Mersey* se montrât ou que de nouveaux ordres leur parvinssent. La mer s'était calmée et n'avait conservé du gros temps de la veille qu'une petite houle trop faible pour gêner des navires de grand tonnage.

Mais, pendant ce temps, de graves événements s'étaient déroulés tant à Londres qu'à Paris. Le gouvernement britannique avait, lui toujours si arrogant, trouvé que la note du gouvernement français était conçue dans des termes un peu hautains. La mercuriale dirigée par notre ministre contre le journal ennemi des *Home Rulers* l'avait irrité et la dénégation opposée à son appel fantaisiste au droit historique avait achevé de le mal disposer à l'égard de la France. Mais ce froissement s'était encore augmenté quand le commandant du croiseur *Mersey*, qui avait été envoyé pour surveiller les récifs, télégraphia le 1er avril, de Saint-Hélier, qu'il avait été devancé aux Minquiers par deux petits bâtiments de la marine de guerre française. Aussi le conseil, au reçu de cette dépêche, prit-il la résolution d'envoyer immédiatement une nouvelle note à la France.

Dans cette note, qui rappelait tout d'abord le texte de celle du 29 mars, le cabinet britannique mettait le gouvernement français en demeure d'avoir à expliquer quelles étaient ses intentions à l'égard du petit archipel de la Manche et demandait également des éclaircissements sur la présence constatée aux Minquiers par le *Mersey* de la canonnière *le Lutin* et du torpilleur n° 92 de la marine française.

La note affectant alors une forme comminatoire déclarait que les îlots des Minquiers, de même que les îles Chausey, ayant autrefois fait partie du duché de Normandie, avaient été administrativement rattachées par les anciens ducs à l'archipel des îles normandes et que conséquemment la Couronne britannique ayant depuis lors gardé, malgré diverses tentatives, la possession des Iles, il était naturel qu'elle en gardât les dépendances et que, conséquemment, le gouvernement de la Reine entendait les revendiquer comme possessions de la Couronne.

Puis se basant sur le détestable précédent

de 1883, la note ajoutait que le gouvernement français serait mal venu maintenant à réclamer les Minquiers situés à plus de 50 kilomètres des côtes françaises, alors qu'il n'avait pas cru devoir protester lorsqu'en 1883 l'Angleterre, se basant sur les mêmes raisons de droit historique qu'aujourd'hui, avait rattaché les rochers des Ecrehou, éloignés seulement de 15 kilomètres de la côte de France, à l'une des paroisses administratives de l'île anglaise de Jersey.

Enfin, comme péroraison, le gouvernement britannique déclarait qu'un séjour ou une croisière plus longtemps prolongée de navires français autour des Minquiers serait considéré par lui comme une atteinte territoriale portée à l'Angleterre.

La reine Victoria qui, comme l'année précédente, était venue en villégiature à Biarritz depuis les premiers jours de mars, informée télégraphiquement du texte de cette note et sentant que, très certainemement, le conflit allait s'envenimer, télégraphia à lord Salisbury son adhésion au texte de la note et, quittant Biarritz le soir même, elle franchit la frontière d'Espagne, après avoir donné l'ordre que son yacht vint la chercher sans retard à Saint-Sébastien.

Dans la matinée du 2 avril, le texte de la

6.

note anglaise parvint à Paris et fut apportée par l'ambassadeur au ministère du quai d'Orsay. Aussitôt que le ministre en eut pris connaissance, il se rendit à l'Elysée où le conseil des ministres devait se réunir pour décider de la réponse à faire à une interpellation qui devait être ce jour-là portée à la tribune. Le Conseil fut unanimement d'avis qu'à la note menaçante de l'Angleterre on devait répondre de la façon la plus ferme, et qu'il convenait d'en référer au Parlement en demandant que toutes les préoccupations de la politique intérieure fussent momentanément oubliées pour prêter au gouvernement un appui très nécessaire, alors qu'il s'agissait de faire face aux prétentions exorbitantes de l'Angleterre.

Le ministre de la Marine, interrogé par ses collègues, leur déclara que l'ordre avait été donné à Brest de tenir quatre croiseurs et quatre gardes-côtes en état de prendre la mer au premier signal, et qu'il venait d'être avisé que le *Duquesne*, le *Dubourdieu*, le *Tigre* et la *Tempête* se trouvaient en rade et sous pression, n'attendant plus qu'une dépêche pour lever l'ancre et rallier leur destination.

Devant cette affirmation, le Conseil fut d'avis qu'il y avait lieu de surseoir à l'envoi de nouveaux ordres jusqu'après que la Chambre et le Sénat auraient été consultés, ce qui serait fait dans la journée même, et l'on décida que le ministre des Affaires étrangères communiquerait les faits à la Chambre tandis que le président du Conseil se rendrait au Sénat.

Le ministère n'avait pas trop présumé en pensant que le Parlement, si profondément divisé, ferait trêve à toute discussion politique du moment que la patrie était en jeu et, lorsque le ministre monta à la tribune pour demander de remettre à un mois la discussion de l'interpellation annoncée en déclarant qu'il avait une importante communication à faire, la Chambre n'eut pas une seconde d'hésitation, prononça le renvoi, et partant à la fois des bancs de la droite et de ceux de la gauche, des voix crièrent au ministre : Parlez! parlez !

Alors, d'une voix grave, calme et ferme, le ministre exposa les faits sans rien omettre; quand il eut tout expliqué à la Chambre, il conclut :

Maintenant, messieurs, que vous savez très exactement quel est l'état de la question, vous comprendrez aisément combien il serait difficile au Gouvernement de dire ici publiquement quelles mesures il pourra être appelé à prendre demain. Mais ce qu'il peut vous dire, — et en parlant ainsi, il compte bien être entendu, non seulement par vous, mais par le pays tout entier — c'est qu'il est résolu à prendre dès à présent toutes les mesures qui seraient de nature à assurer l'intégralité du territoire de la République et le respect dû au drapeau de la France !

Une triple salve d'applaudissements accueillit ces dernières paroles et, lorsqu'elle se fut éteinte, le président de la Chambre donna lecture d'un ordre du jour signé par des membres appartenant aux fractions politiques les plus opposées les unes aux autres. Il était ainsi conçu :

La Chambre, confiante dans la fermeté du gouvernement pour faire respecter le drapeau national et prendre toutes les mesures que commanderait la situation, passe à l'ordre du jour.

Cet ordre du jour mis aux voix, fut adopté à l'unanimité, et lorsque le président proclama le résultat du scrutin, un tonnerre d'applaudissements souligna ses dernières paroles.

Au Sénat, la communication du président du Conseil opéra la même concentration et les pères conscrits, secouant la torpeur où les plonge leur sénilité, acclamèrent leur collègue et votèrent d'enthousiasme un autre ordre du jour de confiance.

Le gouvernement pouvait désormais agir en toute liberté et, sur l'heure, l'ordre fut transmis au préfet maritime à Brest de faire

partir immédiatement les quatre navires en
rade pour aller croiser aux Minquiers. La
dépêche parvint à Brest à 4 heures du soir et
à 6 heures les quatre bâtiments levaient l'ancre
et, réglant leur marche sur celle du *Tigre*, le
moins rapide d'entre eux, ils se dirigeaient
vers le Goulet.

Une nouvelle réunion du Conseil des ministres devait avoir lieu à l'Elysée, aussitôt
après les communications faites, en vue d'arrêter les termes de la note par laquelle le gouvernement répondrait à la note anglaise com-
muniquée le matin.

Après un examen attentif de la question,
le Conseil répondit au gouvernement britannique en se référant tout d'abord au premier
paragraphe de la note du 30 mars. Il affirmait
ensuite son intention très formelle de maintenir la situation actuelle des Minquiers,
c'est-à-dire leur neutralité politique sous la
surveillance maritime de la France, seule à
subvenir aux frais d'entretien du bateau-feu
et des bouées et balises existantes et placées
autour des récifs en question depuis près
d'un demi-siècle. Il affirmait enfin son droit
incontestable, et jusqu'alors incontesté, d'établir et de maintenir autour des Minquiers
telle croisière qu'il jugerait utile à la sauve-
garde de la neutralité des îlots et à la sécurité

du bateau-feu et des marins français qui le
montent.

Conçue dans des termes courtois mais énergiques, il était évident que cette note aurait
pour effet immédiat, ou de faire baisser le
ton au gouvernement britannique, ou de pousser immédiatement la crise à son état aigu.
Ce fut la seconde partie du dilemme qui se
réalisa.

Le lendemain, jeudi 4 avril, le *Duquesne*
se trouvant au nord des Minquiers et à peu
près par le travers de la Maître-Ile, aperçut
tout à coup, venant du nord, un navire se
dirigeant sur les Chausey; aussitôt le pavillon national fut hissé à la corne d'artimon et
la flamme de guerre se déroula de la pomme
de son grand mât. Le bâtiment signalé par la
hanche de babord devait avoir, très certainement, vu les couleurs françaises et, pourtant,
il n'arborait pas les siennes.

Le *Duquesne* le laissa encore filer quelques
milles ; c'était un navire bon marcheur et, selon
toute apparence, notre croiseur avait devant lui
un des types les plus récents des croiseurs de
la marine anglaise ; mais lorsque le vapeur appuyant sa route vers le sud-ouest s'engagea
dans le canal qui sépare les Minquiers des
Chausey, l'officier qui commandait à bord du
Duquesne, froissé de ce manquement à la

politesse en usage entre bâtiments, ordonna
de faire feu à blanc de l'une des pièces de chasse
afin de rappeler cet insolent croiseur aux usages
de la courtoisie internationale, et en même
temps il fit hisser à la misaine son pavillon de
commandement. Aussitôt, avec un grondement
de tonnere se répercutant et rebondissant sur
les récifs, un coup de canon ébranla le pont
du *Duquesne* et un large panache de fumée
blanche s'éleva sur la muraille de tribord. L'a-
vertissement porta ses fruits et le *Mersey*, car
c'était lui, hissa son pavillon et sa flamme de
guerre, salua par trois fois et, prenant chasse,
il continua sa route vers le sud-ouest, mais
bientôt après, virant de bord, il remonta vers
le nord-Est et reprit la route de Saint-Hélier,
le *Duquesne*, l'observant de loin, le vit rentrer
dans ce petit port.

Le lendemain, vendredi 5 avril, à peine la
chambre des Communes était-elle entrée en
séance, que le Dr Cameron déposa une demande
d'interpellation sur les incidents survenus entre l'Angleterre et la France au sujet des Minquiers. Sir James Fergusson au nom du cabinet ayant accepté la discussion immédiate et
le Dr Cameron ayant développé son interpellation, le sous-secrétaire d'Etat exposa à la
chambre dans leurs plus grands détails les incidents qui venaient de se dérouler, et lord Sa-

lisbury lui succédant à la tribune déclara, au nom du gouvernement de la Reine, que l'ordre allait être immédiatement envoyé aux autorités maritimes de Portsmouth de faire partir pour les Minquiers un navire ayant pour mission d'arborer le pavillon national sur ces îlots.

Une violente explosion de jingoïsme accueillit ces paroles et, comme si les *Home Rulers* et les radicaux étaient pour quelque chose dans l'attitude énergique de la France, certains enragés *torries* les apostrophèrent violemment en accompagnant leurs paroles de gestes menaçants.

Lorsque, le lendemain (samedi 6 avril), les journaux du matin portèrent cette nouvelle à la connaissance du public, une vive effervescence se manifesta dans Paris. Ces Anglais qu'on avait toujours si bien reçus chez nous étaient décidément d'une insupportable arrogance ! et quand le correspondant du *Times* voulut, afin de pouvoir renseigner son journal reptilien sur la physionomie de la grande ville, se montrer sur les boulevards, son profil de Sémite allemand fut reconnu et la police dut intervenir pour empêcher que la foule lui fît un mauvais parti.

D'ailleurs, le préfet de police venait précisément de recevoir des instructions à son sujet, et lorsque ce *mal naturalisé* rentra à son domicile, il y fit la désagréable rencontre d'un juge d'instruction et d'un commissaire de police aux délégations judiciaires qui, en vertu d'un mandat d'amener en bonne et due forme, l'invitèrent à les accompagner au Palais de Justice pour y subir un premier interrogatoire, à la suite duquel le juge d'instruction signa son ordre d'écrou et l'envoya à Mazas pour y réfléchir à son aise sur le danger qu'il peut y avoir pour un correspondant de journal étranger à tomber sous le coup des prescriptions des justes lois de la République et, nommément, de l'article 84 du Code pénal.

Pendant ce temps, le *Dubourdieu* qui croisait au large des Chausey, se mit tout à coup à échanger une longue suite de signaux avec le sémaphore de Granville, tandis que le *Duquesne*, plus rapproché des Minquiers mais trop loin pour distinguer d'une façon bien nette les signaux répétés par le *Dubourdieu*, se rapprochait rapidement. Les deux navires à leur tour échangèrent la même série de signaux, et une chaloupe à vapeur sortant de Granville se dirigea vers eux à toute vapeur et accosta bientôt le *Duquesne* auquel elle apportait une dépêche du ministre de la Marine. Aussitôt, nouvel échange de signaux entre nos deux croiseurs qui virent de bord et mettent le cap sur les Minquiers.

7

Dans la matinée du 4 avril, le *Tigre* et la *Tempête*, qui dans la nuit du 2 au 3 avaient été contraints par le gros temps de relâcher dans la baie de Saint-Brieuc, venaient de rejoindre les croiseurs et se tenaient près des Minquiers, entre ces récifs et Barnouic. Dès que le *Duquesne* put les apercevoir, il leur ordonna de rallier et les quatre bâtiments se trouvèrent bientôt réunis dans les parages de la Maître-Ile, sur les grèves de laquelle les chaloupes envoyées par le *Duquesne* ne tardèrent pas à aborder.

Moins d'une demi-heure après, les chaloupes quittaient l'îlot pour retourner au *Duquesne*; mais sur le sommet de ce rocher perdu un mâtereau avait été dressé et, dominant les huttes des pêcheurs sur lesquelles il projetait son ombre, un drapeau déroulait à la brise, sous un clair soleil de printemps, ses larges plis tricolores qu'un coup de canon parti des flancs du *Duquesne* saluait de sa sourde répercussion. Juste à ce moment, le petit steamer de la *London and South Western Railway Company* venant de Saint-Malo et se rendant à Jersey, passant à l'est des Minquiers, dut abaisser son pavillon pour saluer notre affirmation de propriété sur des îlots revendiqués par l'Angleterre.

Le lendemain, l'ambassadeur d'Angleterre à Paris se rendit au quai d'Orsay et remit au ministre une note du Foreign Office disant en

substance que le gouvernement de la Reine
venait avec le plus vif déplaisir d'apprendre
que le pavillon français avait été arboré sur
les Minquiers, et mettait le gouvernement de
la République en demeure de désavouer l'acte
du commandant du *Duquesne*. Sur le refus
immédiat et péremptoire du ministre qui lui
déclara que le commandant du *Duquesne* n'a-
vait fait, en agissant de la sorte, qu'exécuter
les ordres que lui avait donnés le gouvernement, le ministre anglais répondit qu'il avait
de son gouvernement l'ordre de cesser toutes
relations diplomatiques avec le gouvernement
de la République et qu'en conséquence il priait
le ministre des affaires étrangères de bien vouloir lui faire tenir ses passeports.

Le lendemain, 8 avril, notre ambassadeur
à Londres demandait, lui aussi, ses passeports
au chef du Foreign Office et le gouvernement
français envoyait aux cabinets européens une
note circulaire affirmant de nouveau nos droits
sur les Minquiers et en appelant au jugement
de l'Europe des ambitieuses et injustes réclamations de l'Angleterre. Le soir même les
journaux officieux de Paris publiaient *in extenso*
le texte de cette note si ferme et si digne encore présente à toutes les mémoires et que,
pour cette raison, nous nous dispensons de
reproduire.

La journée du 9 se passa sans incident notable autre que le dépôt, par une imposante foule d'ouvriers venue des différents quartiers périphériques de Paris, de nombreuses couronnes et d'un véritable monceau de fleurs au pied de la statue de Jeanne Darc.

Il semblait à tous, au moment où la guerre allait éclater de nouveau entre deux pays dont les luttes ardentes s'étaient prolongées au point d'emplir des siècles entiers, qu'il était du devoir de la France de porter un pieux souvenir à cette madone de la Patrie, à la sainte Martyre que l'ennemi héréditaire avait insultée et brûlée parce qu'elle l'avait vaincu et dont il avait essayé de déshonorer la mémoire, faute d'avoir pu souiller la vierge elle-même.

Les premières hostilités ne se firent pas attendre. Le mardi 9 avril à 10 heures du matin, le croiseur anglais *Arethusa*, ayant au préalable rejoint le *Mersey* à Saint-Hélier et naviguant de conserve avec celui-ci, se présentait aux Minquiers sur lesquels croisaient les quatre bâtiments français.

Orgueilleusement, l'*Arethusa* somma par signaux les navires français d'avoir à se retirer. A cette arrogante injonction, le *Duquesne* ne daigna répondre par aucun signal et un quart d'heure se passa pendant lequel les six bâtiments, qui s'étaient formés sur deux lignes,

les nôtres face au nord et la poupe aux Minquiers, les anglais devant eux et face au sud,
restèrent à s'observer attentivement les uns
les autres. Soudain l'*Arethusa*, pour appuyer
l'injonction que ses signaux avaient tout à
l'heure formulée, fit feu à blanc de son canon
de chasse, mais n'obtint pas plus de résultat
qu'il n'en avait obtenu tout à l'heure. Les
quatre bâtiments français, immobiles, sem-
blaient pétrifiés.

Cinq nouvelles minutes s'écoulèrent graves
et solennelles, puis un petit pavillon rouge
monta à la vergue de grand'voile de l'*Arethusa*
et l'avant des deux navires anglais se couvrit
d'un panache de fumée. Deux coups de canon
retentirent en même temps, et tandis que le
projectile lancé par le *Mersey* venait labourer
le flanc cuirassé du *Tigre* un peu au-dessus de
la flottaison, mais sans toutefois entamer l'é-
paisse carapace de cette tortue d'acier, le projectile de l'*Arethusa* faisait jaillir une masse
d'écume et s'enfonçait dans la mer à vingt
brasses en avant de l'étrave du *Duquesne*.

Mais la double détonation vibrait encore
dans l'air qu'à leur tour les quatre bâtiments
français faisaient feu de toutes leurs pièces de
chasse et qu'un projectile du *Tigre* coupait au
ras du pont le mât de misaine du *Mersey* et
gênait sa manœuvre. Ce coup heureux mettait

les Anglais dans un grave état d'infériorité vis-à-vis des nôtres et les forçait à rester sous le feu des deux gardes-côtes qui ne leur ménageaient pas les projectiles. Mais aussitôt que le *Mersey* eut pu, en coupant les cordages qui retenaient son mât brisé, en débarrasser son pont, les deux croiseurs anglais virant de bord reprirent le chemin du nord, répondant aux canons de chasse du *Duquesne* et du *Dubourdieu* avec leurs canons de retraite ; mais tous deux étaient de marche supérieure et nos croiseurs durent bientôt abandonner une poursuite inutile que la proximité des canons du fort Régent[1], sous la protection desquels les deux vaisseaux anglais couraient se placer, allait rendre dangereuse.

La guerre était allumée.

[1] Citadelle située sur une colline escarpée et dominant la ville de Saint-Hélier, capitale de l'île de Jersey. Sa construction commencée en 1806, a coûté plus de 2 millions de livres sterling, soit cinquante millions de francs.

CHAPITRE IV

LA COALITION

Si les incidents dont nous venons de faire
le récit dans le chapitre précédent n'avaient
point eu leur répercussion immédiate ou même
presque simultanée d'un autre côté; si la
France, seule, s'était trouvée dans la lutte,
face à face avec l'Angleterre, seule, la guerre
eut alors pris place sur un autre théâtre que le
vieux continent européen. Depuis longtemps,
elle existe à l'état latent entre les deux nations,
mais seulement sur le terrain relativement
restreint de leur expansion coloniale. En
Afrique, en Asie, en Océanie, partout, en
Égypte comme aux Nouvelles-Hébrides, à
Madagascar ou en Indo-Chine, l'influence
française se heurte à la morgue britannique, et
dans le cas d'un duel armé succédant au duel
sourd de la diplomatie et de la ruse, ç'aurait
dû être dans l'un ou l'autre des empires colo-
niaux que se fussent livrées les batailles, et
l'Europe n'aurait entendu de la lutte que

l'écho très affaibli des coups de canons tirés par delà les Océans.

Une guerre d'un tel caractère n'eût été que simplement logique entre les deux nations qui ont la plus grande propension à l'expansion coloniale : mais ce n'était pas là ce que voulait le Chancelier de fer : il fallait que la guerre entre la France et l'Angleterre fût, non pas une lutte coloniale, mais une guerre européenne, car il voulait, cet apôtre de la force primant le droit, que la France, au jour de la grande guerre où son existence serait en jeu, se trouvât en face d'une coalition puissante et quasi européenne, afin que l'issue de cette lutte ne pût être douteuse et que le démembrement définitif de cette nation abhorrée en fût le résultat. Le souvenir de Pitt et de Cobourg l'obsédait, il voulait les imiter et refaire ce qu'ils avaient fait il y a un siècle, persistant à croire, malgré l'exemple de 1870-71, que la résistance nous serait impossible.

Pourtant le *casus fœderis* prévu dans le traité que M. de Bismarck avait fait consentir à l'Angleterre, grâce à la servilité de lord Salisbury et aux sentiments allemands de la reine Victoria, ne pouvait être invoqué que dans le seul cas d'une agression de la France contre l'un des Etats de l'alliance, et ce n'allait pas précisément être le cas, car lord Salisbury avait si maladroitement envenimé dès l'abord la *question des Minquiers*, il avait fait en plein Parlement des déclarations d'un caractère si belliqueux et si agressif, que nul ne consentirait à croire après cela que la France, tirât-elle même le premier coup de canon, avait provoqué le conflit armé.

Que devenait dans de telles circonstances l'invocation du *casus fœderis* au point de vue de l'effet produit. L'Autriche l'admettrait-elle et, si compromise qu'elle pût être par la publication du traité d'alliance austro-allemand, ne se retrancherait-elle pas derrière la précision littérale de l'instrument diplomatique qui ne la liait qu'au cas d'une agression de la France contre l'un des alliés et point du tout au cas d'une agression d'un des alliés contre la France ?

L'Italie non plus n'était pas bien sûre et l'impopularité croissante de la marionnette sicilienne, clairement démontrée par la difficulté qu'avait rencontré le bras droit du roi Humbert à reconstituer un ministère après la petite comédie de la fausse sortie qu'avait jouée au commencement de mars 1889 le signor Crispi, était faite pour donner grandement à réfléchir à l'Allemagne. Il était possible que le peuple italien, exténué d'impôts, se refusât à la guerre et ne voulut pas laisser pratiquer à ses veines la terrible saignée que la lutte lui coûterait certainement.

M. de Bismarck avait donc, dès l'abord, jugé de la façon la plus sévère l'attitude par trop agressive du cabinet anglais et il l'avait considérée comme une lourde faute commise par son homme lige et son élève lord Salisbury. Il avait, de suite, senti, à la tournure que prenaient les événements, que l'Angleterre, engagée trop à fond dès l'abord, allait se trouver fatalement amenée à porter le premier coup. En un mot, M. de Bismarck, employant suivant son habitude, pour bien préciser sa pensée, un terme français ou même *argot*, avait déclaré dès le 1er avril que le *Prime Minister* anglais « avait commis une *gaffe* » et avait conclu que bien mieux vaut un bon ennemi qu'un maladroit ami, catégorie dans laquelle il avait incontinent rangé le malheureux marquis de Salisbury.

Perdant de ce côté toute chance de pouvoir invoquer le *casus fœderis* qu'il cherchait, il résolut, jugeant qu'on n'est jamais si bien servi que par soi-même, de faire naître entre la France et l'Allemagne un nouvel incident de frontière et, ceci fait, de se montrer si rebelle à toutes les demandes de satisfaction de la France qu'il faudrait bien que celle-ci se décidât à devenir agressive. En tous cas, en admettant même que cette combinaison ne réussît pas, elle présentait l'avantage très certain d'immobiliser une partie des forces françaises et d'assurer la victoire de l'Angleterre.

En effet, la France engagée d'une part dans un conflit armé avec l'Angleterre, menacée d'autre part par l'alliance austro-germano-italienne, serait dans la nécessité de diviser son armée et sa flotte pour garder à la fois toutes ses frontières contre l'invasion menaçante, aussi bien sur les Vosges que sur les Alpes, et contre le bombardement éventuel de ses ports de la Manche, de l'Océan et de la Méditerranée, tant par la flotte allemande au nord que par la flotte italienne au sud.

Ayant résolu de soulever entre l'Allemagne et la France un nouvel incident de frontière, il ne restait plus qu'à en trouver le prétexte et il fallait agir vite pour remplir le programme que s'était tracé M. de Bismarck. Le génie inventif de l'Allemagne est lent et lourd ; on n'avait pas le temps de le laisser se donner carrière pour trouver quelque chose de neuf et M. de Bismarck, ce metteur en scène de première force, se souvint qu'il avait quelque part dans ses cartons une pièce dont la première représentation avait été, comme on dit dans le langage des théâtres, un *four*, mais il avait vu quels étaient les points faibles

et les scènes mal venues et, avec quelques
retouches, en pratiquant quelques habiles coupures, en corsant un peu certains passages et
en ajoutant de nouvelles scènes, on pourrait à
la deuxième représentation obtenir un honnête succès. La pièce exhumée avait pour
titre : « *l'affaire Schnœbélé* » ; la reprise en
fut décidée sur l'heure dans le cabinet directorial de la Wilhelmstrasse et des ordres très
précis dans ce sens furent expédiés immédiatement aux fonctionnaires allemands d'Alsace-
Lorraine et particulièrement à la *Kreizdirection*
de Metz.

Les ordres étaient si formels, si pressants
qu'on les mit aussitôt à exécution et qu'un
Lorrain, exécrable renégat résidant près de
Nancy où il faisait de l'espionnage au profit
de l'Allemagne, se chargea volontairement,
réclamant cette mission comme un honneur,
d'aller à la frontière commettre le délit qui
devait ouvrir l'incident désiré par l'Allemagne
toujours honnête.

Le 3 avril au matin un gendarme allemand
arrivait essoufflé à Ars, criant à l'abomination
de la désolation, et rapportait à ses supérieurs
qu'un poteau allemand avait été renversé,
souillé de matières excrémentielles, et que des
inscriptions injurieuses pour l'Allemagne y
avaient été tracées tant en français qu'en Alle-

mand. En même temps le renégat qui était, par ordre, l'auteur de cette lâcheté, venait à Metz, et ainsi qu'il en était convenu avec le *Kreizdirection*, il dénonçait aux autorités allemandes un ouvrier de Pagny, son compère, également renégat, comme étant l'auteur de ce sale attentat. Aussitôt le commissaire spécial de Pagny fut invité par la police allemande à venir faire les constatations d'usage en pareil cas. Le commissaire était le successeur immédiat de M. Schnæbélé, le poteau en question était le même que celui qui avait, en 1887, amené l'arrestation de ce fonctionnaire.

Le lendemain 4 avril, le commissaire se rendit à la frontière et s'y rencontra avec son collègue allemand qui, après lui avoir fait constater la matérialité des faits, lui demanda de lui remettre celui qu'on accusait d'en être l'auteur, s'appuyant surtout sur ce fait que cet Alsacien ayant jadis opté pour l'Allemagne était sujet allemand. Naturellement, notre fonctionnaire opposa à cette demande un refus formel, disant que le gouvernement allemand devait demander l'extradition par les voies ordinaires, et, pour se débarrasser de l'insistance de l'Allemand, il lui déclara qu'il en référerait à ses supérieurs hiérarchiques et reviendrait le lendemain, lui faire connaître leur réponse.

Le commissaire de Pagny en quittant la frontière se rendit à Nancy pour rendre compte au préfet de ce qui venait de se passer, mais quand celui-ci le reçut, vers le soir seulement, car il avait été absent une partie de la journée, il communiqua à son subordonné un message du *Kreizdirector* de Metz le priant de venir, lui aussi, au point frontière, le lendemain. Le préfet désireux d'éviter qu'aucune difficulté pût s'élever de ce côté décida d'aller à ce rendez-vous où il emmènerait son secrétaire général et prévint le commissaire spécial qu'il le prendrait en passant à Pagny.

Le 3 avril, le préfet, son secrétaire général et le commissaire spécial de Pagny, arrivaient ensemble à la frontière, mais bien qu'ils n'eussent aucun soupçon, ne voyant personne sur la route, ils agirent avec prudence et s'arrêtèrent pour attendre les autorités allemandes, à plus de vingt mètres en arrière du poteau français.

Autour d'eux, la solitude était absolue : ni du côté de la France, ni du côté de l'Allemagne, nul travailleur ne se montrait dans les vignes qui couvrent le coteau de la Moselle. Il faisait pourtant un joli temps clair de printemps, le soleil débarrassé des brumes hivernales se montrait radieux, envoyant à la terre ses rayons vivifiants, et les grands peu-

pliers qui bordent la route poussaient drus
leurs bourgeons. Ils regardèrent fixement sur
la route toute droite, du côté de Metz, cherchant
à y découvrir ceux qui les avaient invités à ce
rendez-vous: nul homme ne se montrait et
les trois fonctionnaires, tout en maugréant
contre les retardataires, se mirent, en les attendant, à deviser de choses et d'autres et la conversation tomba naturellement sur l'incident
franco-anglais qu'on ne doutait pas de voir
arriver bientôt à une solution amiable.

Une demi-heure s'écoula de la sorte et, las
d'attendre, le préfet et ses deux compagnons
se mettaient déjà en marche pour retourner à
Pagny quand, soudain, un coup de sifflet
retentit, strident, et des hommes, cachés jusqu'alors dans les vignes, sur le territoire
français, à cent mètres au moins de la frontière, s'élancèrent sur eux et, brutalement, les
saisissant, ils les entraînèrent au delà du
poteau français resté debout en face du poteau
allemand renversé et souillé. Aussitôt rejoints
par des gendarmes allemands dissimulés derrière les haies de la ligne du chemin de fer,
les argousins auteurs de l'agression abandon-
nèrent les trois Français aux nouveaux-venus
qui, incontinent, les traitant comme des mal-
faiteurs, leur mirent les menottes et, malgré
leurs cris et leurs protestations, les emme-

nèrent dans la direction de Metz ne répondant à chacune de leurs justes récriminations que par une grêle de coups de pieds et de coups de poings.

Cette arrestation clandestine, faite au mépris des principes les plus élémentaires du droit des gens, avait si bien été combinée à l'avance, le guet-apens avait si bien été étudié qu'à peine les trois Français étaient-ils tombés au pouvoir de leurs lâches agresseurs qu'une voiture apparut sur la route venant au grand trot au-devant d'eux pour les conduire à la prison de Metz.

L'arrestation n'avait eu, nous l'avons dit, aucun témoin français, et la nouvelle en fut apportée à Pagny le lendemain seulement (6 avril) par un Alsacien habitant Ars-sur-Moselle qui, ami personnel du commissaire de Pagny, avait entendu la veille au soir, dans une brasserie, un des argousins allemands, aux trois quarts ivre, se vanter hautement de l'odieux méfait accompli par ses amis et lui dans l'après-midi. Supposant avec juste raison que la femme de son ami devait être dévorée d'inquiétude, il vint lui porter cette nouvelle, lui laissant le soin d'aviser les autorités françaises de cette injuste et lâche arrestation.

Déjà, dans la soirée du 5, tant à Nancy

qu'à Pagny, une vive inquiétude s'était emparée de tous ceux qui, sachant la démarche faite par les trois fonctionnaires français, avaient appris qu'ils n'étaient point encore de retour, et les plus pessimistes en avaient aussitôt conçu les plus sinistres pressentiments. La rumeur publique avait colporté rapidement la nouvelle et la ville entière de Nancy était sous le coup d'une très vive émotion. Mais dès que la nouvelle de l'arrestation fut connue, dans la matinée du 6, elle se répandit avec la rapidité que met le feu à se communiquer à une traînée de poudre, et ce nouvel incident, venant se greffer sur ceux qui s'était déjà produits du côté de l'Angleterre, causa parmi les patriotiques populations de la Lorraine française une indignation dépassant toute mesure et que la connaissance exacte des détails de cette étonnante et injustifiable arrestation ne fit qu'augmenter.

Le Gouvernement aussitôt avisé, jugea qu'une action prompte et vigoureuse s'imposait, que des explications immédiates devaient sans retard être demandées au gouvernement allemand et des instructions dans ce sens furent télégraphiées à notre ambassadeur à Berlin.

De même que dans l'affaire Schnæbelé et dans celle de Vexaincourt, l'Allemagne avant

de donner la moindre réponse à nos réclamations voulut faire une enquête sur place, inter-
roger des témoins, prendre des photographies,
lever des plans, etc., toutes choses destinées
dans l'esprit de M. de Bismarck à faire traîner
l'affaire en longueur et à amener l'énervement
de la population française, énervement qui
pourrait conduire quelque cerveau brûlé à un
acte d'hostilité contre l'ambassade de Paris
ou l'un des consulats allemands en France.

En même temps, la *Strassburger Post*,
ophidien de grande taille à la solde de M. de
Hohenlohe, statthalter d'Alsace-Lorraine,
publiait dans son numéro du 8 avril un article
où il était dit que le meilleur moyen d'obtenir de la France qu'elle livrât à l'Allemagne
l'auteur des souillures infligées au poteau
allemand, était de garder comme otages les
trois fonctionnaires français, alors même que
l'arbitraire et l'illégalité de leur arrestation
seraient démontrés.

Cet article du reptile strasbourgeois ouvrit
les yeux au gouvernement français sur les
réclamations allemandes et donna lieu à une
enquête de la part du parquet de Nancy; on
apprit alors que le malheureux que réclamait
l'Allemagne pour avoir, pendant la nuit du 2
au 3 avril renversé et souillé le poteau allemand, s'était au contraire fait faire dans la

...irée du 2 une contravention pour infraction
à la loi sur l'ivresse et que, arrêté pour tapage
nocturne à la porte d'un cabaret, il avait passé
la nuit au violon de Pagny : son innocence
était donc éclatante et le mal-fondé des récriminations allemandes était évident ; cela n'em-
pêcha pas, malgré l'alibi dûment établi du
soi-disant coupable, l'ambassadeur d'Allemagne à Paris de réclamer l'extradition de ce
malheureux.

Les choses en était là, lorsque, à la suite de
l'échange de coups de canon qui avait eu lieu
le 9 avril aux Minquiers entre la croisière
française et les vaisseaux anglais, parut, le 10
avril au matin un décret enjoignant à tous les
réservistes de la marine (équipages et troupes)
de rejoindre leurs corps, et mobilisant en
même temps les réservistes des différents corps
d'armée du littoral.

Grâce aux nombreux espions entretenus
par l'Allemagne, tant à Paris que sur les différents points du territoire, la nouvelle fut
connue aussi vite en Allemagne qu'en France
et M. de Bismarck lança une note circulaire
aux cabinets européens dénonçant les projets
agressifs de la France contre l'Allemagne
puis en même temps, fit signer par l'Empereur,
le jeune et belliqueux Guillaume II, le décret
de mobilisation générale de l'armée allemande.

La mobilisation partielle avait été ordonnée en France comme mesure de défense contre l'Angleterre à la date du 10 avril et le surlendemain matin, la mobilisation générale de l'armée allemande, réserve, landwehr et landsturm était un fait accompli.

A la circulaire allemande, le gouvernement français répondit par une autre circulaire dans laquelle il protestait de son intention de résoudre pacifiquement l'incident franco-allemand, affirmant en outre que la forme même de la mobilisation partielle de l'armée française ne pouvait être, de bonne foi, regardée autrement que comme une mesure défensive amplement justifiée par l'agression dont la France venait d'être l'objet de la part de l'Angleterre. Puis, considérant l'incident des Minquiers et retraçant brièvement l'histoire de ces ilots, la note française faisait ressortir le caractère volontairement agressif de l'acte commis par la Grande-Bretagne prétendant arborer son pavillon sur les Minquiers, ilots situés en pleines eaux françaises et élevant même ses revendications sur les îles Chausey que neuf kilomètres à peine séparent de Granville. Ces points établis, le ministre des affaires étrangères déclarait que, tout en rejetant la responsabilité de l'état de guerre sur la Grande-Bretagne, la France était résolue à faire respecter ses droits même par la force des armes.

Cette déclaration si catégorique ne fit en rien ralentir les opérations de la mobilisation générale en Allemagne. Au contraire, M. de Bismarck avait complètement réussi dans ses projets, et ni l'une ni l'autre des puissances alliées n'avait hésité devant le *casus fœderis* invoqué par le Chancelier de fer. La France passait aux yeux de l'Autriche et de l'Italie pour avoir été la provocatrice dans le conflit prêt à éclater; l'œuvre de Pitt et Cobourg était refaite, l'invasion d'il y a un siècle allait recommencer; rien ne manquerait plus au centenaire de notre révolution.

Dans l'esprit du diplomate allemand, l'issue de la lutte qui allait s'ouvrir ne pouvait être douteuse : la France serait démembrée et deviendrait une nouvelle Pologne. L'Allemagne prendrait pour sa part la Champagne, la Bourgogne et la Franche-Comté; la Belgique aurait la Flandre, l'Artois, les Ardennes et la Picardie; l'Angleterre nous prendrait la Normandie, la Bretagne, l'Anjou et la Mayenne; l'Espagne, pour prix de sa neutralité, recevrait tout le bassin de la Garonne, et l'Italie aurait pour sa part tout le bassin du Rhône et le littoral méditerranéen avec la Corse, l'Algérie et la Tunisie. Il ne resterait de la France que les provinces centrales : l'Ile-de-France. l'Orléanais. la Touraine. le Nivernais. l'Auvergne et le Limousin. sans un port. sans une échappée sur la mer. en conséquence de quoi. l'Allemagne et l'Angleterre s'entendraient ensuite pour se partager notre flotte et nos colonies.

Ce résultat. idéal depuis longtemps caressé par M. de Bismarck. lui semblait en ce moment d'autant moins difficile à atteindre que la Russie ne paraissait pas s'émouvoir de ces belliqueux préparatifs jetant toute l'Europe. sauf elle. dans une même fièvre. et que le Gouvernement du Tzar semblait ignorer que près de quinze milions de soldats étaient réunis. l'arme au pied et prêts à se ruer les uns contre les autres.

Et pourtant. dans les projets de M. de Bismarck. si l'Autriche ne devait avoir aucune part dans le gâteau offert par la France à l'appétit des alliés et des neutres complaisants. c'est que l'Allemagne était disposée à lui offrir une juste compensation dont les slaves danubiens et la Russie feraient tous les frais. Que la coalition écrasât d'abord la France et elle verrait ensuite à se retourner contre la Russie qui aurait alors à satisfaire à l'appétit de trois estomacs de grande taille de l'Allemagne. de l'Angleterre et de l'Autriche.

Dès que le gouvernement français vit que sa note, non seulement n'avait pas ralenti la mobilisation allemande, mais encore que l'Autriche et l'Italie, ne tenant aucun compte de ses affirmations pacifiques et à l'instigation de M. de Bismarck, mobilisaient, elles aussi, leurs armées de la façon la plus complète, il estima avec raison que nos dix-neuf corps devaient être mobilisés.

Le 14 avril, au matin, deux dépêches arrivèrent simultanément au quai d'Orsay, émanant de nos ambassadeurs à Vienne et au Quirinal, donnant avis que l'ordre de mobilisation générale des armées austro-hongroises et italiennes avait été publié la veille au soir, c'est-à-dire le 13.

Il n'y avait pas un instant à perdre. Ces dépêches furent communiquées au conseil des ministres tenu à l'Elysée à 10 heures du matin et le décret ordonnant la mobilisation ayant été aussitôt signé par le président de la République, il n'était pas encore midi que l'ordre avait été télégraphié à toutes les autorités compétentes et que les compagnies de chemins de fer avaient été requises de cesser sur l'heure tous transports commerciaux pour se consacrer exclusivement, personnel et matériel, aux transports des troupes de toutes armes qui s'effectueraient suivant des ordres ultérieurs. Les compagnies de navigation de la Méditerranée avaient également reçu l'ordre de tenir toute leur flotte à la disposition du vice-amiral commandant en chef préfet maritime du Ve arrondissement à Toulon, chargé, concurremment avec le vice-amiral commandant l'escadre de la Méditerranée, d'assurer le transport de France en Algérie des troupes territoriales auxquelles était confiée la garde de nos possessions nord-africaines et de ramener en France les troupes actives du XIXe corps que leurs réserves rejoindraient à leur débarquement à Marseille, Toulon, Port-Vendres, etc.

Cette décision dans l'action du gouvernement de la République avait été non seulement d'un bon effet sur les coalisés, mais encore elle avait paré à un danger imminent.

A la fin de la journée du 18 avril, les premiers corps allemands mobilisés, c'est-à-dire les VIIIe, XIe, XIIIe, XIVe et XVe corps et les Ier et IIe corps bavarois, soit au total près d'un demi-million d'hommes, commençaient leur concentration en Alsace-Lorraine, tandis que les corps du nord se préparaient à opérer la leur entre Coblentz et Cologne, afin de nous envahir en traversant la Belgique que le roi Léopold leur avait ouverte par le traité secret et honteux dont nous avons parlé dans notre premier chapitre.

Cependant les opérations de la mobilisation
générale ordonnées en France le 14 avril
avaient marché si rapidement que la concentration de nos troupes sur la ligne des Vosges
et des Alpes était entreprise dans cette même
nuit du 18 au 19 au cours de laquelle les premiers corps allemands allaient arriver en
Alsace-Lorraine. Mais, dès le 18, la force numérique était égale, car nous pouvions opposer au XVe corps allemand toujours stationné
en Alsace-Lorraine, nos VIe et VIIe corps
(Châlons et Besançon) avec leur effectif de
guerre au grand complet.

Toutefois le VIIe corps se trouvait privé de
l'appoint de la division mobilisée d'infanterie
de marine, redoutable au double point de vue
de la valeur intrinsèque de ses troupes et de
la puissance de ses effectifs; il avait, en effet,
été nécessaire de la conserver fractionnée par
régiments dans ses ports habituels de garnison, afin d'assurer conjointement avec l'armée territoriale de la région la sécurité de
nos grands ports militaires contre toute tentative des Anglais.

Mais, d'un autre côté, l'armée de première
ligne avait été renforcée par la formation
récente des régiments mixtes d'infanterie
comprenant le quatrième bataillon de chaque
régiment subdivisionnaire d'infanterie enca-

drant deux bataillons formés des meilleurs
éléments (cadre et troupe) du régiment territorial de la région: cette combinaison augmentant d'un tiers l'effectif total des troupes
de campagne.

Ainsi, l'Europe entière se trouvait placée
dans cette singulière situation : toutes les
armées sur pied se menaçant les unes les
autres alors que la guerre n'était pas déclarée
de fait, sinon entre la France et l'Angleterre.
et que les ambassadeurs d'Allemagne, d'Autriche et d'Italie étaient encore à Paris et
s'étaient encore présentés le 17 avril à la
réception hebdomadaire du mercredi. au quai
d'Orsay.

Mais cet état de guerre non déclarée avait
permis au XIX⁰ corps de passer tout entier en
France, tandis que des divisions de l'armée
territoriale étaient transportées en Algérie et
en Tunisie par les navires des compagnies
Valery, Frayssinet et Transatlantique. La
flotte italienne, grâce à cette situation bâtarde.
avait été dans la nécessité d'assister en spec-
tatrice pacifique, sinon désintéressée, à cette
opération que le rôle que lui avait assigné
M. de Bismarck était d'empêcher à tout prix.

Du 18 au 22 avril. la situation resta la même
et personne ne fit parler la poudre, chacun
des futurs belligérants se contentant de pa-

faire ses préparatifs et faisant en sorte que le premier coup fût une lutte de géants dans laquelle l'adversaire serait irrémédiablement écrasé. Notre croisière aux Minquiers avait été renforcée dès le 10, au lendemain de l'escarmouche où le *Mersey* avait perdu son mât de misaine, mais aucun navire anglais ne s'était montré dans le voisinage. Ce recueillement de la marine anglaise survenant après son attaque inopinée avait bien quelque chose d'effrayant par son anomalie, mais n'était pas pour faire peur à nos marins tout heureux, au contraire, de la perspective d'une lutte avec les *Godem*, et prêts à leur montrer qu'ils sont les dignes descendants des Duquesne, des Villars, des Duguay-Trouin et des Tourville.

Nous profiterons de cette accalmie dans les événements que nous avons entrepris de raconter pour jeter un coup d'œil sur l'état des frontières maritimes de la France exposées aux tentatives anglaises, allemandes ou italiennes.

Voyons d'abord la Manche.

Voici ce que dit M. Pène-Siefert[1] :

« De Cherbourg à la frontière du nord, la nature marâtre a refusé à la France contre la mer, ses caprices, ses fureurs, les abris sûrs qu'elle a prodigués à la

[1] *La Marine en danger*, chapitre IX, pages 266 et suivantes.

côte anglaise, si profondément découpée en baies
spacieuses, en rades profondes, en ports de refuge,
que la science a transformés en ports militaires,
défendus contre toute attaque maritime et que pourtant l'Angleterre veut encore fortifier. C'est pourtant
sur cette partie de notre littoral océanien, où l'industrie de l'homme avait tout à créer, que se sont élevées
nos cités commerciales les plus florissantes, celles
que la mer a enrichies, et qui sont, pour ainsi dire,
les gares maritimes de ces chemins de fer, qui relient
les grands navires transatlantiques, par l'Europe
centrale et la France, aux deux continents américains.
Ces villes, tout le monde en sait les noms. C'est le
Havre, dont la Seine fait un faubourg de Paris; c'est
Dieppe dont les marins audacieux devancèrent les
Portugais en Afrique; c'est Boulogne, c'est Calais
que l'Angleterre a détenue si longtemps, et qui n'en
est que plus française; c'est Dunkerque, la patrie de
Jean-Bart et de tant d'autres vaillants corsaires aux
noms historiques. Toutes ces villes maritimes, tou-
ces ports florissants n'ont pas de rade, et si, aux prix
des plus énergiques efforts, et, pour ainsi dire, à
coups de millions, la science moderne a pu créer les
vastes bassins à flot, qui à chaque marée ouvrent
leurs portes aux navires de commerce de toutes les
nations, cette science n'a pu encore, pas même à
Cherbourg, les mettre à l'abri non seulement des
escadres modernes, mais des simples croiseurs isolés,
dont la vitesse, on pourrait dire l'ubiquité, se joue
des escadres et des lourds gardes-côtes cuirassés,
comme par la portée de leurs canons, leur mobilité
leurs faibles dimensions, ils défient, but presque invisible, l'impuissante artillerie des batteries de côte,
des forts construits sur les hauteurs voisines qui jadis
assuraient leur défense. »

Certes voilà une opinion des plus pessimistes, mais elle est appuyée par l'opinion d'hommes fort connus et dont la compétence n'est pas niable.

Le général de Villenoisy, ancien professeur d'art militaire à l'école de Metz, a écrit au sujet de la presqu'île au Cotentin :

« La guerre franco-allemande a montré le danger qui peut menacer la presqu'île du Cotentin. Quand une nation possède sur un point de son territoire une position stratégique de cette importance, il a le devoir en faire une Gibraltar inexpugnable sur terre et sur mer. Cherbourg est le clef de la Manche. C'est un poste d'attaque maritime exceptionnel. À cette pointe avancée de la presqu'île doit séjourner en permanence l'escadre nationale. De là elle pourra rayonner par fractions détachées, mais sa base de concentration ne saurait être ailleurs. »

Et M. Liais, député de la Manche après avoir cité cet auteur dans le discours qu'il prononça à la Chambre des députés, au cours de la deuxième délibération sur le projet de loi relatif aux travaux d'amélioration à entreprendre dans les ports militaires, citait encore cette conclusion d'un rapport de la commission mixte pour la défense des côtes, présidée par l'amiral Pallu de la Barrière[1] :

Séance de la Chambres de Députés du 28 janvier 1889. sur le *Journal Officiel* du 29 janvier, pages 213 et suivantes.

8.

« La possession incontestée de la presqu'île du Cotentin est indispensable aux mouvements de nos armées
vers l'est et vers le sud-est. Ce fut la clef de la prolongation de la lutte en 1870, et si, dans l'avenir, Cherbourg était seulement insulté, nos armées du même
coup seraient atteintes vers la frontière et se sentiraient
pressées de tête et de queue. »

Et le député cotentinois, après un long et
important discours dans lequel certain de ses
collègues trop superficiels se refusaient à voir
autre chose que la défense d'intérêts locaux
entreprise dans un but purement électoral,
terminait ainsi après avoir rappelé les empiétements anglais aux Ecrehou :

Ne perdez pas de vue tous ces précédents de l'histoire. Mes concitoyens de la presqu'île du Cotentin
veulent rester Français ; votez les crédits, afin de nous
préserver du sort des îles normandes et de nos frères
de l'est[1].

M. de Mahy, rapporteur de la commission
chargée de l'examen de cette proposition
commentant les paroles que l'amiral Krantz,
ministre de la marine, venait de prononcer,
alla plus loin et précisa ce que le ministre
n'avait fait qu'effleurer :

J'appelle particulièrement l'attention de la Chambre
sur un point que M. le ministre de la marine a eu
soin d'indiquer, c'est que les passes de Cherbourg

[1] La séance de la Chambre, ibid.

...nt tellement larges, tellement étendues que le grand
...nger actuel c'est de les voir facilement forcées par
...nnemi. M. le ministre de la marine et des colonies
...ous a dit tout à l'heure avec la réserve qu'un homme
... État doit mettre dans une semblable discussion, que
... graves événements pouvaient se produire dans la
Manche. Un de ces événements pourrait être celui-ci
...ans l'état actuel des passes de Cherbourg : En très
...eu de temps, en très peu d'heures, après une décla-
...ation de guerre, une flotte ennemie pourrait se pré-
...enter devant cet unique établissement naval que
...ous possédions dans cette région et forcer les passes;
... serait Cherbourg pris par l'ennemi auquel vous
...uriez ainsi donné dans le cœur de notre pays une
...ase d'opération, en même temps que vous vous auriez
...erdu une de vos plus belles provinces[1].

Et dans cette discussion, il ne s'agissait
seulement que d'un crédit de 42.150.000 francs
à répartir sur plusieurs exercices pour amé-
liorations à la défense du port de Cherbourg[2].
Mais il ne s'agissait nullement de la défense
des côtes du Cotentin entre le cap de la Hague
et la baie de Cancale. Et pourtant cette côte
n'a pour toute défense que la minuscule batterie de Sciotot dans l'anse du même nom et
les défenses (?) surannées de Granville. Une
quantité de points sont facilement vulnérables

[1] *Journal Officiel* du 29 janvier 1889, page 220.

[2] Le même projet prévoyait un crédit de 24.100.000 francs
pour Brest, 200.000 francs pour Toulon et 1.440.000 francs
à répartir entre les cinq ports.

et ne présentent que d'insignifiants obstacles
naturels au débarquement d'une troupe même
nombreuse par une flotte montée par des
marins habiles et hardis, comme le sont, par
exemple, les marins anglais.

L'utilité et l'urgence du projet en question,
bien qu'il ne fût relatif qu'aux grands ports
dont les défenses sont déjà considérables, s'im-
posaient donc d'elles-mêmes et pourtant la
Chambre des députés, après lui avoir consacré
dans sa séance du 17 juillet 1888 à peine un
tout petit quart d'heure [1] renvoya le projet
sur lequel l'urgence avait été déclarée à une
seconde délibération, qui ne vint, comme nous
venons de le voir, que le 28 janvier suivant,
c'est-à-dire six mois et, dix jours après, date
à laquelle le projet fut enfin voté. Touchant
exemple d'inertie et d'incapacité parlementaire !!

Les côtes de la Bretagne, rocheuses, profondément et capricieusement découpées, dont
les abords sont semés d'une innombrable
quantité de récifs, se défendent d'elles-mêmes
et n'ont pas à redouter la plus petite tentative
de débarquement. Il n'en va pas de même des
côtes de l'Océan qui offrent à l'ennemi bien

---

[1] Le compte rendu *in extenso* de la discussion tient dans
un peu plus de deux colonnes du *Journal Officiel* de 18 juillet 1888.

des points vulnérables, à commencer par les
larges estuaires de la Loire et de la Gironde
que les divisions de Lorient et de Rochefort
seraient assurément impuissantes à défendre.
La situation pourtant, sur l'Atlantique, est
moins mauvaise que dans la partie nord-est
de la Manche et les grandes villes sont assez
éloignées de la côte pour n'avoir rien à redouter des ruines et des désastres qu'entraine
avec soi le bombardement.

Mais, dans la Méditerranée, la situation est
encore plus critique, surtout depuis que la
marine italienne est devenue puissante comme
elle l'est aujourd'hui. Là, c'est Port-Vendres,
c'est Cette, c'est Marseille, c'est Cannes, c'est
Nice, qui offrent aux cuirassés italiens une
cible facile aux bombardements. Toulon lui-
même n'est pas dans une situation fort brillante et, s'il est inexpugnable quant aux
attaques venant seulement de la mer, cet arsenal, s'il était attaqué à la fois par la mer et
par la terre, ne tiendrait pas seulement l'espace
d'une semaine.

De la Corse, qui n'a pour se défendre que
des fortifications contemporaines de Napo-
léon Ier, voici ce que dit un auteur précédemment cité :

« Soit, la conquête italienne de la Corse est impossible, mais, ce qui est possible, c'est pour la flotte

italienne de la Maddalena, de jeter en quelques heures un corps expéditionnaire à Bonifacio[1]. »

Croit-on que l'Italie ait oublié qu'un membre du gouvernement de la défense nationale proposa (le 15 septembre 1870) que le berceau de la famille Bonaparte, l'île de Corse, fût rendu à l'Italie à laquelle *il appartient géographiquement?* Le gouvernement florentin examina alors la question d'une invasion de l'île, un plan fut soumis au roi Victor-Emmanuel, mais il répugnait à ce souverain, qui se souvenait de ce que la France avait fait pour lui, et, dans la mémoire duquel Mentana n'avait pas effacé Magenta et Solferino, de frapper lâchement la France par derrière et d'ajouter encore au malheur dont elle était accablée.

M. Clémenceau, cet homme politique tout superficiel et sans aucun fonds, voulant débuter dans la carrière parlementaire par un coup d'éclat, reprit pour son compte l'idée émise dans les conseils du gouvernement de septembre et, le 7 mars 1871[2], il fit à l'Assemblée nationale la même proposition. La Chambre française, trouvant que la perte territoriale de l'Alsace-Lorraine était trop récente et la plaie

[1] M. Pene-Siefert, *La Marine en danger*, page 230.

[2] *Journal Officiel* du 8 mars 1871, page première, colonnes 4 et 5.

qu'elle avait ouverte trop saignante encore pour mutiler à nouveau la patrie, refusa de prendre cette proposition en considération. Mais si M. Clémenceau a oublié depuis ce crime de lèse-patrie, croit-on que l'Italie, surtout depuis l'avènement du roi germanophile Humbert Ier, a perdu le souvenir de ces tendances dissociationnistes ?

Non ! — Nous devons nous y attendre, si la guerre éclatait entre la France et l'Italie alliée à d'autres puissances ou même isolée, et que le sort des armes nous fût contraire, la première satisfaction territoriale réclamée par la nation macaronique serait la rétrocession de la Corse.

Il est encore d'autres points très gravement menacés ; nous entendons parler de tout le littoral algérien et tunisien que les flottes italiennes bombarderaient sans vergogne comme sans danger, grâce à l'effrayante supériorité de vitesse de leurs navires sur les nôtres.

Mais laissons là cette digression trop longue pour revenir au récit des événements et voyons maintenant qu'elle était la situation au 22 avril.

La France ayant mobilisé ses dix-neuf corps d'armée avait paré au danger qui semblait le plus grand et avait échelonné leurs troupes depuis Lille jusqu'à Nice par Nancy et Belfort afin d'être en mesure d'opposer immédiatement une résistance. sinon efficace. mais au moins sérieuse. à l'invasion venant soit par la Belgique. soit par les Vosges. soit par les Alpes.

De l'autre côté de la frontière. les Allemands et les Italiens avaient, en même temps que nous. concentré toutes leurs forces mobilisables et, sur cette longue ligne de démarcation qui s'étend de Longwy à Belfort et du grand Saint-Bernard au littoral méditerranéen des soldats placés en sentinelles de chaque côté se regardaient « *en chiens de faïence* ». immobiles et pourtant animés du plus vif désir de se ruer les uns sur les autres. Chaque jour des patrouilles de cavalerie française, circulant en deçà des poteaux frontières. apercevaient de l'autre côté. suivant un chemin parallèle. une patrouille de uhlans reconnaissables au fanion noir et blanc de leurs lances: nos chasseurs et nos hussards. impatients de charger ces vols de vautours. caressaient amoureusement le pommeau de leurs sabres. mais. dociles à la voix de leurs chefs. ils continuaient à chevaucher paisiblement en terre française. rongeant leur frein et labourant les flancs de leurs chevaux de coups d'éperons inconscients et que leur faisait donner l'énervement de l'attente et de la colère contenue.

Sur les Alpes, il en était de même et nos chasseurs à pied patrouillant dans les gorges agres-
tes y rencontraient toujours, mais à distance,
le chapeau à plumes de quelque bersagliere.

Dans la Méditerranée, la croisière établie
autour des côtes de la Corse apercevait
chaque jour, rasant les eaux comme un vol
d'alcyons, quelque escadrille de torpilleurs
circulant entre la Maddalena et la Spezzia.
Ou bien, c'était encore Toulon ou Hyères
qui signalait au large la présence d'un de
ces colosses de fer de la marine italienne
qui ont nom *Re Umberto, Lepante* ou *Italia*
dont la vitesse supérieure (18 et 16 nœuds) a
fait les plus redoutables combattants de toutes
les flottes européennes.

Ce mouvement continuel de la flotte italienne rayonnant autour de la Maddalena con-
traignait le gouvernement français à immobiliser la plus grande partie de sa marine dans
la Méditerranée et à faire garder les côtes de
Port-Vendres à Nice par des divisions ayant
pour port de refuge les mouillages peu sûrs
de Cette et de Marseille ou celui mieux abrité
des îles d'Hyères.

De telle sorte que la défense des côtes de
la Manche se trouvait réduite aux quelques
croiseurs, ayant Brest pour port d'attache, et
aux garde-côtes cuirassés de Cherbourg.

C'était peu de chose et il n'était pas douteux que l'Angleterre saurait avant peu profiter de la faiblesse de nos côtes dégarnies ou
trop peu défendues.

CHAPITRE V

PREMIÈRES HOSTILITÉS

Douze jours s'étaient écoulés depuis que l'*Arethusa* et le *Mersey*, interprètes fidèles de la morgue britannique, étaient venus aux Minquiers pour sommer notre croisière d'avoir à se retirer et qu'ils avaient appuyé cette arrogance de coups de canons qui motivèrent la réponse heureuse du *Tigre* au *Mersey*. Depuis ce temps, aucun des ports français n'avait aperçu à la corne d'aucun navire le pavillon de Sa très gracieuse Majesté; aucun bâtiment de commerce anglais n'était venu attérir dans un de nos ports et nul de nos vaisseaux marchands n'avait rencontré par les océans aucun de ces croiseurs à grande vitesse dans l'Angleterre est si largement pourvue, bâtiments que leur structure et leur armement désignent pour reprendre la guerre de course où s'illustrèrent jadis nos hardis corsaires et dont les navires marchands de l'Angleterre payèrent, eux seuls, la majeure partie des frais.

Douze jours s'étaient écoulés et le gouvernement français, reconnaissant trop tard le tort qu'il avait eu de laisser dévorer par les arsenaux militaires les crédits afférents, dans le budget de la marine, aux constructions neuves et regrettant de n'avoir pas doté notre flotte de bâtiments de vitesse destinés, soit à agir isolément dans la guerre de course, soit à éclairer nos escadres cuirassées, se décida à noliser et à armer tous les navires aptes à ce service, appartenant aux diverses compagnies françaises de navigation.

La compagnie transatlantique au Havre, à Saint-Nazaire et à Marseille, les Chargeurs Réunis au Havre, la Compagnie Bordelaise, les Compagnies Nationale, Valéry et Fraissinet, de Marseille, avaient vu affréter leurs meilleurs bâtiments en ce moment dans leurs ports d'attache et n'étaient que très médiocrement rassurées sur le sort de ceux de leurs navires qui se trouvaient en mer le 10 avril, car, à cette date, elles avaient télégraphié à tous leurs agents dans les ports d'escale, l'ordre de ne pas laisser les bâtiments relever pour la France et de les garder en ports neutres jusqu'à nouvel ordre.

Certes, l'affrètement et l'armement en course de ces steamers de grande vitesse avait été une excellente mesure, car ils pouvaient poursuivre, atteindre et ruiner la marine marchande anglaise. Mais qu'adviendrait-il des pauvres coques non blindées de ces croiseurs improvisés s'ils se trouvaient un jour face à face avec un croiseur régulier de la marine anglaise tout aussi bon marcheur, mais mieux armé et mieux protégé?

Cependant l'armement de ces navires qui, d'ailleurs, étaient tous en bon état, avait été poussé avec la plus grande vigueur et, le 22 avril, le bruit s'était répandu dans la ville du Havre que, le lendemain, la *Normandie* et la *Bretagne* de la Compagnie Transatlantique et la *Ville-de-Bahia* des Chargeurs-Réunis prendraient la mer à la marée du matin en déroulant au sommet de leur grand mât la longue flamme tricolore, signe distinctif des navires de guerre.

Chacun de ces navires avait reçu douze canons longs de 155 du système de Bange, c'est-à-dire la meilleure artillerie qu'on puisse donner à un croiseur puisqu'elle réunit ces quatre qualités : légèreté relative, facilité et rapidité de manœuvre, très grande vitesse initiale et, par conséquent, longue portée; qualités qui font d'ailleurs classer l'artillerie française, non seulement parmi les mieux outillées, mais encore comme la mieux outillée de toutes.

Les équipages de ces trois bâtiments avaient

été triés sur le volet : si la marine marchande avait fourni ses meilleurs manœuvriers, la marine de l'État avait mis à bord d'excellents pointeurs et placé sur chacun des trois navires un officier supérieur réputé pour sa science et pour son énergie.

A bord de chacun d'eux, on avait en outre placé une chaloupe munie de deux tubes lance-torpilles.

Toute cette brave population maritime du Hâvre, qui aime les navires de son port comme s'ils étaient quelque chose d'elle-même, ne doutaient pas que ces trois bâtiments armés en course ne renouvelassent les exploits des hardis corsaires de jadis. Mais aussi à cette population comme à celles de Calais, de Dunkerque, de Boulogne et de Dieppe, l'inaction de l'Angleterre pendant ces douze derniers jours paraissait inquiétante et de nombreux habitants de ces villes florissantes craignaient chaque soir en s'endormant d'être tirés de leur sommeil par les détonations des canons anglais bombardant leur cité. Le souvenir du bombardement d'Alexandrie par les vaisseaux de l'amiral Seymour, en 1882, était présent à toutes les mémoires et nul ne doutait que l'Angleterre ne se montrât pas moins sauvage pour faire d'une ville française un monceau de ruines fumantes qu'elle ne l'avait été pour néantir Alexandrie. Les Hâvrais ne s'étaient pas trompés et ils allaient faire la dure expérience de ce que vaut la civilisation anglaise.

Le 23 avril, comme le soleil commençait à irradier la mer de ses mille flèches d'or, le sémaphore de Sainte-Adresse signala une escadre au large, faisant route directement sur le Hâvre. Un quart d'heure s'écoula pendant lequel les bâtiments qui la composaient continuèrent leur marche rapide, décrivant un arc de cercle d'un immense rayon, puis soudain les trois mâts du plus gros des navires se pavoisèrent chacun d'un pavillon : à la misaine, un fanion de commandement ; au grand mât, une flamme de guerre et à la corne d'artimon le *Union Jack*, le pavillon national anglais. Aussitôt les autres navires de l'escadre l'imitèrent et tandis qu'à leur grand mât se déroulait la flamme de guerre, leur artimon faisait flotter à l'air frais du matin le sinistre *flag* britannique.

Que venait faire cette escadre devant le Hâvre ? — Il n'était pas difficile de le comprendre : elle avait contre cette ville inoffensive une odieuse et sauvage mission à remplir.

Le veilleur de Sainte-Adresse donna l'alarme et, bientôt après, toutes les églises du Hâvre, unissant toutes leurs cloches en une même voix, lançaient dans l'air les notes précipitées

et affolantes du tocsin, tandis que les clairons
et les tambours de la garnison faisaient retentir la lugubre *générale*. En un instant, toute
la ville fut sur pied et chacun connut la nouvelle terrifiante : l'escadre anglaise était signalée !

Cependant, celle-ci continuant sa marche
s'était rapprochée de la ville et ne se dirigeait
plus sur le Hâvre, mais bien sur Trouville. elle
se montrait par son travers et les marins fré-
quentant habituellement les ports anglais
purent alors, en s'aidant de leurs jumelles.
reconnaître et nommer chacun des navires qui
la composaient.

Il y avait là : l'*Agincourt* portant le pavillon
amiral, le *Dreadnought*, le *Colossus*, le *Colingwood*, l'*Imperious*, le *Rodney* et le *Howe*.
c'est-à-dire sept cuirassés de premier rang
qu'accompagnaient quatre cuirassés de second
rang : le *Nelson*, le *Triumph*, le *Swiftsure* et
le *Thunderer* et qu'éclairaient trois croiseurs
rapides : le *Severn*, le *Thames* et le *Forth*.

C'était au total quatorze navires. tous puis-
samment armés, qui s'avançaient à toute
vapeur. Maintenant, il viraient pour venir
prendre position devant la ville, leurs intentions devenaient de plus en plus évidentes :
le Hâvre allait avoir le sort d'Alexandrie
d'Egypte. Et, parmi les Hâvrais qui, d'un œil

anxieux, suivaient cette évolution, se faisaient pourtant encore jour deux courants d'opinion : les uns, optimistes quand même. affirmaient que jamais l'escadre anglaise n'oserait lancer ses obus sur une ville non fortifiée . les autres, les pessimistes, affirmaient, au contraire. que dès que les navires anglais se jugeraient à bonne portée. ils ouvriraient le feu. Ce fut à ces derniers que les événements donnèrent raison.

En effet, les onze cuirassés anglais s'étaient ormés en une longue file présentant son flanc à la ville et, sur les murailles noires de ces colosses de fer. on voyait les sabords s'ouvrir pour livrer passage aux gueules menaçantes des canons. Tout à coup. vers six heures moins un quart. l'*Agincourt* par ses signaux ordonna de stopper ; cinq minutes après sa muraille se couvrait d'un panache de fumée. une effroyable détonation ébranlait l'atmosphère et, avec un sifflement lugubre, un obus venait frapper la jetée. éclatait au choc et un morceau de pierre détaché du parapet allait éventrer le capitaine de port accouru au premier coup de tocsin. Un cri d'horreur s'éleva aussitôt des poitrines de la foule de gens qui encombraient le quai, mais il ne s'était pas encore éteint que les autres cuirassés anglais. imitant l'exemple de l'*Agincourt*. tiraient à leur tour, envoyant sur la malheureuse ville une volée de leurs plus gros obus et, alors, de minute en minute, une nouvelle salve suivit, chacune se composant de vingt-deux projectiles du plus gros calibre.

Les obus anglais tombaient partout; la ville, le port, les docks recevaient chacun leur part et, dans leur rage de détruire, les Anglais tirèrent même sur les villas de la côte de Sainte-Adresse, tandis que les trois croiseurs accompagnant l'escadre, jaloux de partager la besogne de Vandales qu'accomplissaient les cuirassés, se mettaient en devoir d'incendier Trouville et Deauville.

Cependant, et tandis qu'une dépêche était envoyée à Cherbourg pour demander le secours de l'escadre, quelques pièces destinées à l'armement en course des steamers de commerce étaient amenées et mises en batterie tant dans le port que sur la colline et, servies pour la plupart par des artilleurs improvisés, ouvraient le feu sur la flotte anglaise. C'étaient là des efforts héroïques, mais inutiles.

Que pouvaient, en effet, ces pièces placées à découvert contre les canons anglais abrités derrière d'épaisses murailles d'acier?

Le résultat fut tout autre, que celui qu'on en avait trop bénévolement espéré, car, au lieu de diminuer, le feu des Anglais s'augmenta encore et les volées furent non plus de deux coups, mais de trois coups par vaisseau, de telle sorte que chaque salve arrivant sur la ville y apportait trente-trois projectiles au lieu de vingt-deux.

Que faire pour se défendre ? — Telle était la question que chacun se posait, mais sans pouvoir la résoudre, quand tout à coup l'officier que le ministre avait nommé au commandement de la *Bretagne* armée en course fit prier ses collègues de la *Normandie* et de la *Ville-de-Bahia* de venir le joindre à son bord. Les trois officiers eurent ensemble une conférence qui dura à peine vingt minutes, mais avant même qu'elle prît fin les commandants de la *Ville-de-Bahia* et de la *Normandie* envoyèrent à leurs bords respectifs des ordres qui furent aussitôt exécutés et bientôt trois chaloupes porte-torpilles se trouvaient réunies dans l'avant-port, et le feu des pièces mises en batterie sur les quais redoublait de violence.

Une épaisse fumée masquait l'entrée des bassins, les détonations se succédaient sans relâche: alors, vers onze heures du matin, les trois chaloupes se glissèrent hors du port et l'une après l'autre prirent la direction d'Honfleur. Les Anglais, tout à leur œuvre de destruction, ne les avaient pas vues.

Les officiers des trois navires étaient accourus sur le port et, là, ils attendaient, anxieux, le résultat de la téméraire sortie de leurs camarades.

Une heure s'écoula de la sorte, longue et angoisseuse, sans qu'ils pussent rien voir. Les trois chaloupes, rases sur l'eau, leurs chaudières surchauffées, courant sur la mer, n'étaient plus visibles pour personne.

Un drame poignant se jouait dont les quelques initiés, seuls, pouvaient, dès à présent, mesurer l'intensité tragique.

Soudain, une énorme colonne de flamme et de fumée s'éleva du pont de l'*Agincourt* qui occupait le centre de la ligne des vaisseaux anglais et une effroyable détonation retentit. Le colosse de fer avait été torpillé par la chaloupe de la *Bretagne*, misérable coquille de noix que montaient un officier et huit marins.

Une immense clameur de haine et de rage se fit entendre à bord des vaisseaux de l'escadre anglaise, mais presque aussitôt deux autres détonations semblables à la première déchirèrent les airs, c'était le *Dreadnought* et le *Thunderer* qui sautaient à leur tour, torpillés le premier par la chaloupe de la *Normandie* et le second par celle de la *Ville-de-Bahia.*

Les trois chaloupes s'étaient éloignées aussitôt après avoir, aspics d'un genre nouveau, qué les trois colosses de leur venin mortel; mais elles n'avaient pu fuir, ni assez vite, ni assez loin, pour se mettre hors de la portée des canons anglais et ce fut contre elles que les onze navires bombardeurs tournèrent et leur rage et leurs coups.

De la colline de Sainte-Adresse, on put alors assister à ce spectacle : huit cuirassés et trois grands croiseurs, portant au total près de deux cents canons, s'acharnant après trois malheureuses chaloupes n'ayant chacune que neuf hommes d'équipage et point d'autre défense que chacune une torpille.

Ce fut, dans le bombardement de la ville, un entr'acte de deux heures; mais lorsque les chaloupes, fuyant à toute vapeur devant la trombe de fer qui les poursuivait, eurent franchi la ligne de l'horizon sans que, grâce à la petitesse du but qu'elles offraient aux projectiles et à leur extrême mobilité sur les vagues, aucun obus anglais eut pu les atteindre, le feu reprit sur la ville où plusieurs incendies s'étaient déjà déclarés, élevant vers le ciel de longues langues de flammes et des panaches noirs d'une lourde fumée. Les navires anglais faisaient rage et les détonations des canons crépitaient comme une fusillade tant elles se se succédaient avec rapidité.

C'en était fait de la malheureuse ville : elle

n'allait bientôt plus être qu'un monceau de ruines fumantes, lorsque soudain, à trois heures de l'après-midi, le feu des Anglais s'arrêta brusquement et leur formation en ligne se rompit à un signal donné par le *Colossus*, qui avait, depuis l'explosion de l'*Agincourt*, arboré le pavillon du commandement.

En même temps le sémaphore de Sainte-Adresse annonçait la présence au large d'une escadre française. A peine ce signal avait-il paru qu'un obus lancé par le *Colingwood* venait frapper le mât à son pied et qu'un de ses éclats coupait net le bras droit du malheureux gardien.

L'escadre anglaise ayant repris la formation qu'elle avait le matin quand elle était apparue à l'horizon, reprenait à toute petite vitesse la direction du nord.

Cependant l'escadre française s'approchait, grandissant petit à petit sur l'horizon. C'était la division cuirassée de Cherbourg composée de trois cuirassés d'escadre : le *Suffren*, l'*Océan* et le *Terrible*; deux cuirassés de croisière : le *Duguesclin* et le *Vauban* et cinq gardes-côtes : le *Fulminant*, le *Vengeur*, le *Tonnerre*, le *Foudroyant* et le *Tonnant*. Elle n'avançait qu'lentement, étant obligée de régler sa marche sur le *Vengeur* et les gardes-côtes de même type dont la vitesse n'est que de 10 nœuds.

A quatre heures, six milles à peine séparaient les deux escadres et la flotte française ouvrant le feu envoyait de toutes ses pièces une effroyable bordée à la flotte anglaise. Une violente canonnade s'engagea aussitôt, où se mêlait, dans un épouvantable concert, la voix de près de deux cents bouches à feu de gros calibre et se prolongea pendant plus d'une heure sans amener de résultat bien apparent, d'une part ou de l'autre.

Toutefois la supériorité de l'escadre anglaise était visible.

Si l'artillerie de nos vaisseaux était d'une puissance égale à celle des Anglais, les vaisseaux eux-mêmes leur étaient de beaucoup inférieurs. En effet, tandis que les croiseurs anglais disposaient d'une vitesse minimum de 17 nœuds et leurs cuirassés de 14 nœuds, seuls, les deux cuirassés de croisière et les gardes-côtes du type *Fulminant* atteignaient cette dernière vitesse ; comme maximum, les trois cuirassés d'escadre ne pouvaient fournir que 12 nœuds et les gardes-côtes, type *Vengeur*, 10 nœuds seulement.

La facilité de manœuvre étant le corollaire presque obligé de la vitesse, nos vaisseaux, quoique égaux en nombre aux navires anglais se trouvaient vis-à-vis d'eux dans une situation très inférieure qui se démontra rapidement d'elle-même, car les croiseurs anglais s'acharnant avec l'*Imperious* sur nos deux gardes-côtes, *le Vengeur* et *le Foudroyant*, les forcèrent bientôt à la retraite après les avoir coupés du reste de l'escadre. Les deux bâtiments fuyant sous les boulets anglais essayèrent d'emboucher l'estuaire de la Seine afin de mettre entre eux et les Anglais les hauts fonds qui l'encombrent et n'y laissent qu'un étroit chenal. Mais cette manœuvre, certainement habile, était à peine commencée que le *Forth* et le *Thames*, l'éventant, se lançaient en avant et grâce à leur vitesse presque double dépassaient bientôt les trois lourds bâtiments et leur coupaient la retraite, les foudroyant des coups répétés des canons de leur poupe, tandis que l'*Imperious* et le *Severn*, ayant mis toute leur artillerie en chasse, les canonnaient sévèrement par derrière.

La situation n'était guère meilleure pour les huit autres bâtiments de notre escadre, et une grave avarie survenue à la machine du *Duguesclin* la rendait encore moins bonne puisqu'elle privait presque entièrement l'escadre de l'un de ses meilleurs vaisseaux. Bientôt même la situation devint de plus en plus mauvaise; un obus envoyé par le *Colingwood* pénètre par un sabord dans la batterie du *Vauban*, y tue ou blesse une douzaine d'hommes et allume un commencement d'incendie : presque en même temps le *Terrible* a son gouvernail emporté par un projectile du *Colossus* ; le *Fulminant* tente de se servir de son éperon et, choisissant le moment où le *Rodney* lui présente le flanc, il fond sur lui et ouvre dans sa muraille au-dessous de la flottaison une large brèche : le *Rodney* coule à pic, mais le *Fulminant*, trop engagé, est menacé de couler avec lui ; il ne se dégage qu'au prix des plus grands efforts et son coup d'éperon l'a lui-même fortement endommagé. Soudain une effroyable explosion se fait entendre, le *Suffren* qui portait le pavillon amiral vient de recevoir un obus qui a pénétré par le pont et est tombé dans la soute aux poudres.

Alors l'escadre française, privée de commandement, se rallie à l'*Océan* qui vient d'arborer le pavillon à sa misaine et se décide à la retraite, mais alors, les trois croiseurs anglais, devinant son mouvement, se portent de toute leur vitesse vers le nord, abandonnant le *Vengeur* et le *Foudroyant* qui se sont ensablés à demi désemparés dans l'estuaire de la Seine. Ils viennent couper la retraite aux vaisseaux français, l'*Imperious* et le *Nelson* leur barrent l'entrée de la Seine, tandis que le le *Colossus*, le *Colingwood*, le *Howe*, le

Triumph et le *Swiftsure* les poussent à grands renforts de projectiles dans la direction du sud-ouest.

Les cinq navires anglais ont devant eux sept bâtiments français. mais sur ce nombre le *Duguesclin* a sa machine hors de service. le *Terrible* n'a plus de gouvernail et le *Fulminant* a son étrave fort endommagée et manœuvre avec les plus extrêmes difficultés. L'escadre est bientôt contrainte de les abandonner pour prendre chasse. mais la supériorité des Anglais est de plus en plus évidente. car leurs cinq bâtiments n'en ont plus dès lors que quatre pour leur faire opposition et encore ont-ils sur eux un avantage se chiffrant par deux nœuds de vitesse.

Les quatre vaisseaux français battent en retraite. mais ils n'ont pas le choix de la direction. ce sont les cuirassés anglais qui la leur imposent et, s'attachant à eux comme la meute au cerf, ils les poussent. poussent vers le sud-ouest, les harcelant sans trêve de leur canonnade de plus en plus violente. La nuit vient et bientôt les quatre malheureux navires éprouvent presque simultanément la même effroyable secousse : ils viennent, tous les quatre, de déchirer leur carène sur les rochers du Calvados.

Alors, une même idée s'empare de tous

ces marins au cœur que rien n'ébranle et puisque tout espoir est perdu pour eux, puisque c'est la défaite, puisque c'est la mort, que ce soit au moins la défaite honorable et la mort héroïque!

Et dans une nuit profonde, d'un noir d'encre qu'assombrit encore l'âcre fumée de la poudre, sûrs désormais que, bien qu'irrémédiablement perdus, leurs navires ne couleront pas, se souciant peu dès lors d'ébranler la membrure, ils chargent toutes les pièces, les allument à la fois et envoient aux Anglais des bordées effroyables. Ce ne sont plus des entreponts qu'ont les navires échoués, c'est l'enfer! Ce ne sont plus des marins noircis de poudre qui s'y agitent et courent, ce sont des démons!

Qu'importent à ces gens-là les projectiles innombrables qui les assaillent d'une pluie d'acier! Ils rient à la camarde, ils lui font tête, heureux de savoir que, s'il en meurt chez eux, il en meurt aussi chez les Anglais.

Le combat se prolonge ainsi dans la nuit noire qu'éclairent seulement le feu des pièces dont les coups sont si répétés, se suivent à de si courts intervalles que le ciel en est rouge au-dessus d'eux tandis que là-bas, dans l'est, il est rouge aussi de l'incendie qui consume ce que les obus avaient laissé de la ville florissante qui fut le Havre.

Et, sur les cuirasses qu'ébranlent les obus,
les éclats de fonte ou d'acier reviennent frapper et vibrent avec une sonorité de cloches,
des cloches qui tout à la fois sèment la mort
et sonnent le glas.

Mais, dans l'acharnement que mettent les
Anglais à poursuivre l'anéantissement de ces
quatre navires, que la trombe d'acier a rasés
comme des pontons, tout ce qui reste d'une
vaillante escadre, ils ont oublié ces trois pyg-
mées qui dans la matinée ont eu raison de trois
colosses.

De loin, les chaloupes porte-torpilles ont
suivi les phases du combat; elles ont vu les
vaisseaux français s'échouer et, maintenant,
la nuit obscure est là qui va leur faciliter leur
terrible besogne. Dans l'ombre, toutes lumières
éteintes, elles s'avancant, se guidant aux
lueurs fugitives des coups de canon; le bruit
du combat empêche qu'on les entende; l'ardeur de la lutte empêche qu'on y prenne
garde; les voici qui se glissent, furtives, le
long du bordage des navires anglais; elles ont
choisi chacune leur proie, le terrible engin
destructeur est placé, elles fuient à toute
vapeur et lorsqu'elles mêmes sont assez loin
pour ne plus rien craindre de l'explosion,
elles achèvent leur œuvre et l'étincelle électrique jaillissant fait de ces trois énormes

masses de fer qui tout à l'heure s'appelaient :
le *Colossus*, le *Colingwood* et le *Howe* une
poussière qui, dans un formidable fracas, s'é-
lève au ciel comme une gerbe et retombe
ensuite en pluie sur la mer profonde, sur
cette mer toujours affamée qui engloutit du
même coup, et les débris qui furent des navires
et les chairs pantelantes et déchirées qui furent
des marins, tandis que sur les vaisseaux
échoués, après lesquels ceux qui viennent de
périr s'acharnaient comme des vautours sur
un cadavre, retentit un formidable cri de : Vive
la France !

Et pendant que cette lutte se poursuivait
sur ces rochers témoins muets d'un héroïsme
sans précédent, car les marins de l'*Océan*, du
Fulminant, du *Tonnerre* et du *Tonnant*, non
seulement n'ont rien à envier à ceux de l'historique *Vengeur*, mais les dépassent peut-
être même, trois navires désormais incapables
de manœuvrer étaient pourtant restés aux
prises avec deux cuirassés l'*Imperious* et le
Nelson et les trois croiseurs *Forth*, *Thames* et
Severn.

A peine le *Duguesclin*, le *Terrible* et le
Foudroyant étaient-ils séparés du reste de
l'escadre que les trois croiseurs redescendant
vers le sud revenaient sur eux et que l'*Imperious* et le *Nelson* quittant l'embouchure de la

Seine ralliaient aussi les trois vaisseaux désemparés.

L'issue du combat qui allait s'engager ne pouvait être douteuse et, des deux côtés, on y marchait avec la même énergie.

Si, d'une part, les Anglais avaient fait le ferme propos d'amariner la pauvre division que le hasard de la bataille avait, seul, formée, d'un autre côté, nos marins étaient résolus à ne pas amener leur pavillon et, au besoin, à vendre chèrement leur vie.

La canonnade recommença entre eux avec une rage incroyable.

Un coup de canon n'avait pas fini de vibrer qu'un autre déchirait l'air et les obus, sifflant, broyant, tuant, balayaient le pont de chacun d'eux comme l'aurait fait un effroyable faubert incessamment promené et dont chaque coup eût laissé sur la surface lavée du sapin une trace sanglante.

Soudain l'*Imperious*, voyant le *Foudroyant* lui présenter le flanc renouvelle sur lui la manœuvre dont le *Rodney* a été victime, il se lance de toute sa vitesse et, malgré l'épaisse cuirasse du garde-côte, il ouvre sa carène au flot de la mer. C'en est fait du *Foudroyant*, le *Rodney* est vengé.

Alors, c'est sur le *Duguesclin* que les Anglais s'acharnent; privé de sa machine, il ne peut manœuvrer ; le *Severn* et le *Forth* l'accostent chacun par un bord et les Anglais se lancent à l'abordage. Trois fois ils y reviennent, trois fois ils sont repoussés. En vain les deux croiseurs cherchent à se dégager, leur gréement est si bien pris dans le gréement du cuirassé français qu'ils semblent, eux qui voulaient l'amariner, être ses prisonniers.

Tout à coup, le commandant du *Duguesclin*, qui n'a pas quitté un seul instant la passerelle, se précipite par l'escalier de l'entrepont. Où va-t-il ? Nul ne le sait ! — Trois minutes s'écoulent pendant lesquelles, sur le pont des trois navires, on se tue à coup de hache, de sabre ou de couteau, on se fusille à bout portant : c'est une boucherie et le sang coule en véritables ruisseaux. Mais cela va finir ! Une secousse terrible ébranle le *Duguesclin*, son commandant était allé à la Sainte-Barbe, il le fait sauter, mais il ne saute pas seul et avec lui le *Severn* et le *Forth* sont anéantis.

Ainsi la mémorable bataille navale de la Baie de la Seine avait pris fin et la victoire restait aux Anglais. Mais de quel prix sanglant l'avaient-ils achetée ? — Six cuirassés de premier rang : *l'Agincourt*, le *Dreadnought*, le *Colossus*, le *Colingwood*, le *Howe* et le *Rodney* ; un cuirassé de second rang : le *Thunderer*, et deux croiseurs de première classe : le *Severn* et *le Forth* n'existaient plus. Des quatorze navires entrés en ligne le matin, cinq seulement pouvaient quitter le champ de bataille, mais dans quel piteux état? Il était fort douteux que ces blessés pussent jamais se remettre de leurs blessures.

Quant à l'escadre française de la Manche, elle était anéantie. Nos marins avaient déployé un courage indomptable. Froidement, sans trembler, sans frémir même, ils étaient allés là où les appelait le devoir : ils étaient allés à la mort!

On a souvent dit que certaines défaites sont plus glorieuses que des victoires, la bataille de la Baie de la Seine est de celles-là et les marins de l'escadre de la Manche ont par leur mort ajouté une nouvelle page au Livre d'or de la Patrie.

Dans cette terrible journée du 23 avril, les fils de John Bull, les marins de la Reine, se sont salis et abaissés jusqu'au rang des Vandales : les fils de la France, les marins de la République, se sont élevés jusqu'au rang des héros !

CHAPITRE VI

Pendant que notre brave mais malheureuse escadre se faisait anéantir par la formidable flotte anglaise sur les rochers du Calvados et qu'un monceau de ruines fumantes était tout ce qui restait du Hâvre, de cette ville jadis riche et florissante qu'une coupable impéritie avait laissée à la merci d'un bombardement sauvage, les Anglais, sans perdre une minute, dirigeaient d'un autre côté un coup de main hardi.

De tous temps, ils avaient considéré Cherbourg comme une menace latente pour la sécurité de leurs côtes méridionales. Et leurs touristes, en vestons à carreaux et en casquettes à la prussienne ne regardaient pas sans une sourde colère cette statue équestre de Napoléon Ier qui, placée sur le quai National à Cherbourg, étend son bras déployé vers la Digue et montre aussi, pas loin, au delà de la mer, cette Grande-Bretagne qu'il abhorrait au moins autant qu'elle le haïssait.

Cette vaste citadelle maritime créée de toutes pièces par la main de l'homme dans un point avancé de la côte où la nature marâtre avait refusé le plus mince abris à nos vaisseaux, était pour le *jingoïsme* anglais un véritable cauchemar. Ces forts puissants aux épaisses murailles, cette digue, l'un des plus gigantesques amoncellements de pierres qu'un cerveau humain ait jamais rêvé, cet arsenal de premier ordre dominant la mer que leur morgue arrogante appelle le *Canal anglais*, ont toujours troublé le sommeil des hommes d'État ou des marins anglais.

Mais s'ils tenaient Cherbourg pour imprenable par une attaque de front, ils n'ignoraient pas que la côte occidentale du Cotentin depuis le cap de la Hague jusqu'à Granville était livrée sans défense à tous les hasards d'un hardi débarquement et que la batterie de Sciotot, au fond de l'anse du même nom, n'était qu'un obstacle dérisoire et dont quelques boulets de canon viendraient aisément à bout.

Cependant, pour opérer ce débarquement, il était nécessaire qu'aucun navire ne pût s'y opposer et, dans la situation telle qu'elle s'était dessinée depuis le 9 avril, Albion avait à redouter d'être troublée dans ses opérations par escadre de Cherbourg d'une part et par la croisière des Minquiers d'une autre part.

Étant donnés ces deux obstacles connus, que fallait-il pour les vaincre? — La question fut aussitôt résolue que posée.

On enverrait une escadre anglaise bombarder le Havre et cette escadre attirerait ainsi dans la Baie de la Seine l'escadre française de Cherbourg. D'un autre côté, une escadre se rendrait aux Minquiers pour y retenir la croisière française.

Pendant ce temps, tous les bâtiments légers qu'on avait réunis à Jersey, à Guernesey et à Auregny se porteraient à la côte du Cotentin et y débarqueraient des troupes en nombre suffisant qui marcheraient aussitôt sur Cherbourg et l'attaqueraient à revers. L'incident à la frontière allemande ajoutait à la facilité de cette opération, car, si la mobilisation générale avait été ordonnée, le gouvernement français avait dû jeter toutes ses troupes sur les frontières de l'est afin de faire face à l'éventualité d'une invasion italo-allemande et l'État-Major anglais, grâce à des espions habiles, n'ignorait pas que Cherbourg n'était gardé que par :

1° Le 1er régiment d'infanterie de marine comptant, il est vrai, plus de 5.000 hommes de bonnes troupes formés en 5 bataillons de 4 compagnies de 250 hommes chacune :

2° Le 25° régiment mixte constitué avec un bataillon du 25° de ligne et 2 bataillons formés des meilleurs éléments du 77° régiment territorial d'infanterie et comptant environ 3.000 hommes à son effectif ;

3° Le 77° régiment territorial d'infanterie comptant 3 bataillons de 4 compagnies ;

4° Une troupe de marins non embarqués formant elle aussi 3 bataillons.

5° Un corps d'artillerie composé de l'artillerie de marine habituellement stationnée à Cherbourg et de batteries d'artillerie territoriale tirées des régiments de la région. soit au total : 7 batteries au complet de guerre. attelant 42 pièces ;

6° Deux escadrons de cavalerie territoriale fournis par le dépôt de Dinan.

C'était donc contre une petite armée de 14.000 fantassins. 500 cavaliers et 42 canons que les troupes anglaises allaient avoir à combattre.

L'État-Major britannique prit son temps et concentra dans les îles normandes. pour les débarquer à la première heure sur la côte française :

2 régiments de Highlanders ;

1 régiment de Grenadiers ;

2 régiments de ligne (*Lancashire et Northumberland* ;

LA MANCHE
C. de la Hague
St Germain
Omonville-la-Rogue
Omonville-la-Petite
Digulleville
Jobourg
Eculleville
Nez de Jobourg
Herqueville
Beaumont-Hague
Nacqueville
Branville
Vauville
Ste Croix
Henneville
Tonneville
Equeurdreville
Querqueville
Fort Chavagnac
Fort
Rade
CHER
Anse de Vauville
Flottemanville
Nouainville
Octeville
Biville
Le Pont
Vasteville
Martinvast
Sideville
Heauville
Teurtheville-Hague
Hardinvast
Tollevast
Virandeville
Siouville
Helleville
La Vallée
St Sauveur
Diélette
St Christophe
Couville
Sotteville
Flamanville
Breuville
Bricquebosc
C. de Flamanville
Treauville
Benoitville
Les Pieux
Rauville-la-Bigot
St Martin
Batterie
Grosville
Anse de Sciotot
le Rozel
St Germain
Quettetot
Négreville
Pointe du Rozel
Pierreville
Brix

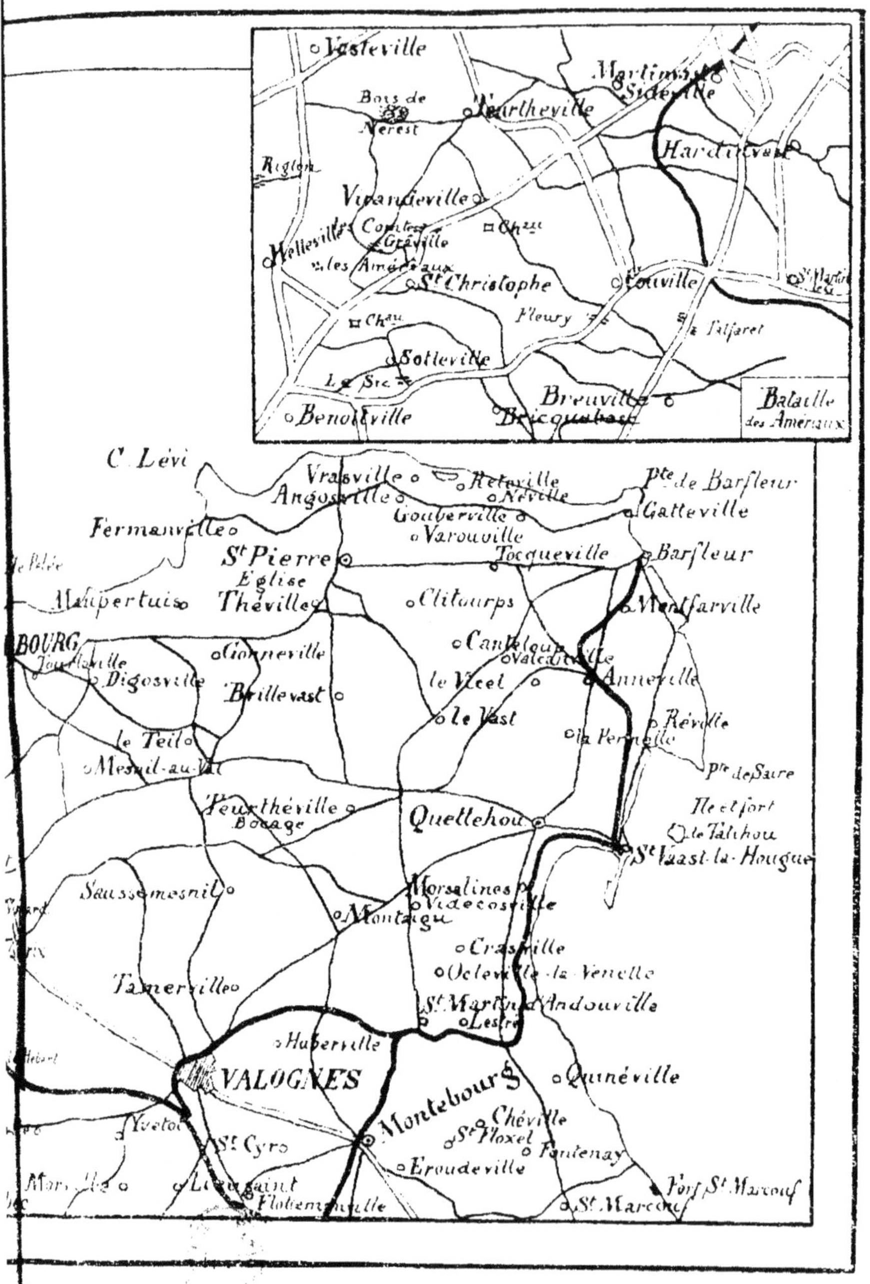
Vasteville
Martinvast
Sideville
Bois de
Nérest
Teurthéville
Hardinvast
Riglon
Virandeville
Chau
Helleville
Comtesse
Gréville
les Amériaux
St Martin
le
St Christophe
Couville
Chau
Fleury
le Taljaret
Sotteville
Le Sie
Breuville
Benoîtville
Bricquebec
Bataille
des Amériaux
C. Lévi
Vrasville
Retuville
Pte de Barfleur
Angosville
Néville
Gatteville
Gouberville
Fermanville
Varouville
le Pelée
St Pierre
Tocqueville
Barfleur
Église
Maupertuis
Théville
Clitourps
Montfarville
BOURG
Gonneville
Cauqueloup
Anneville
Jonville
Valcanville
Digosville
le Vicel
Brillevast
Réville
la Pernelle
le Vast
le Teil
Mesnil-au-Val
Pte de Saire
Ile et fort
Teurthéville
le Tatihou
Bocage
Quettehou
St Vaast-la-Hougue
Saussemesnil
Morsalines
Videcosville
Montaigu
Crasville
Octeville-la-Venelle
Tamerville
St Martin d'Andouville
Lestre
Huberville
VALOGNES
Quinéville
Montebourg
Chéville
Yvetot
St Cyr
St Floxel
Fontenay
Mar
Lieusaint
Eroudeville
Fort St Marcouf
Flottemanville
St Marcouf

1 régiment de Dragoons (dragons);

Et 1 régiment d'artillerie. Ces corps furent amenés des différents ports de la côte sud par les flottes de petits steamers des compagnies de chemins de fer *London and South Coast*, *London and South-Western* et *London Chatham and Dover* qui, réunis dans les ports de Saint-Hélier, Gorey, Saint-Pierre et Sainte-Anne devaient les transporter à la côte cotentinoise. Le transport était en outre assuré par la présence à Jersey d'un certain nombre de remorqueurs qui devaient conduire à la côte des barques et des chaloupes et quelques petits bâtiments de léger tonnage et de faible tirant d'eau empruntés à la marine marchande.

Pour que le transport pût s'opérer dans ces conditions avec rapidité et sécurité, il fallait que la mer fût très calme et quand toutes les mesures eurent été prises, l'état-major anglais attendit son moment. Le 22 au soir, l'ordre fut donné à l'escadre qui attendait à Portsmouth d'appareiller pour se rendre au Hâvre et, en même temps, les officiers des bateaux stationnés aux Iles reçurent l'ordre d'avoir à se tenir prêts à prendre la mer, le lendemain dans la journée.

A la suite de la perte de son mât de misaine le 9 avril, le *Mersey* avait dû retourner à Plymouth pour y être réparé, mais trois autres

croiseurs : *le Leander*. *l'Amphion* et *le Royalist*
étaient venus rejoindre l'*Arethusa* resté au
mouillage de Saint-Hélier, et c'était à ces quatre bâtiments qu'avait été dévolue la mission
d'occuper et de retenir aux Minquiers la croisière que le *Mersey* et l'*Arethusa* y avaient ren-
contrée le 9 avril. Ils devaient donc quitter
Saint-Hélier dès le lendemain matin à la première heure, se rendre aux Minquiers et, là,
surveiller les bâtiments français et, au besoin,
engager le combat afin de les entraîner assez
loin pour que la croisière française ne pu
rien voir de l'opération qui s'exécuterait entre
les Iles et la côte.

Un aviso de marche très rapide, *le Victoria*,
devait en outre croiser au nord de Cherbourg,
surveiller la sortie de l'escadre française et
en porter aussitôt la nouvelle à Auregny.

Tout ce plan si complexe s'exécuta dans
la matinée du 23 avec une précision mathé-
matique. Dès l'aube, les troupes furent embarquées et attendirent le retour du *Victoria*. Dès
que celui-ci fut signalé à Auregny et que le
signal eût été répété par Guernesey, toute la
flottille prit aussitôt la mer.

Les troupes embarquées à Auregny se dirigeaient sur l'estuaire du ruisseau de Claire-
fontaine près d'Héauville; celles venant de
Saint-Pierre-Port (Guernesey) devaient débar-

quer dans le petit port de Diélette ; celles venant de Gorey allaient à l'anse de Sciotot et leur débarquement devait être protégé contre la batterie de Sciotot par deux puissants gardes-côtes qui les accompagnaient ; enfin les troupes embarquées à Saint-Hélier devaient débarquer au Rozel.

Vers sept heures du matin, on avait commencé à entendre la canonnade entre la croisière française et la division anglaise aux Minquiers et depuis elle se continuait, lente mais ininterrompue, et ses coups sourds retentissaient à intervalles aussi réguliers que celui du tic tac d'une horloge.

C'est à onze heures du matin que la flottille prit la mer, et une heure après, la canonnade s'engageait entre la batterie de Sciotot et les bâtiments anglais accompagnant les petits transports improvisés. Il était une heure de l'après-midi lorsque les avant-gardes anglaises mirent le pied sur la terre française et, se portant en avant, prirent des positions provisoires leur permettant de protéger le débarquement des troupes qu'elles précédaient. Cependant la batterie de Sciotot, malgré sa faiblesse, tenait bon devant les deux gardes-côtes anglais pourtant fort puissants, mais les opérations de débarquement, si elles furent retardées sur ce point furent activées à la pointe du Rozel et suivirent une marche normale à Héauville et à Diélette, de telle sorte que, vers 4 heures du soir, au moment même où l'on apprenait à Cherbourg cette stupéfiante nouvelle, huit mille hommes et vingt pièces de canon étaient déjà débarqués.

Au fur et à mesure que leur nombre s'augmentait, les troupes anglaises se portaient de plus en plus en avant et, quand vint la nuit, leurs avant-postes s'étaient déjà solidement établis sur les hauteurs situées en arrière de la Diélette, ayant leur centre en avant de la petite ville des Pieux entre Benoitville et Tréauville, leur aile gauche à Héauville et leur aile droite en avant de Saint-Germain.

L'État-Major s'était installé aux Pieux et avait immédiatement envoyé en avant des reconnaissances de cavalerie qui avaient poussé par Vasteville jusqu'à Acqueville et, de là, redescendant par Teurthéville, Virandeville, Couville et Breuville, étaient rentrées aux Pieux par Rauville-la-Bigot et Grosville, rapportant à l'état-major qu'une avant-garde française avait été aperçue sur la route de Cherbourg aux Pieux, un peu en avant de Sideville.

Il s'agissait en effet d'un bataillon d'infanterie de marine qui avait quitté Cherbourg aussitôt la nouvelle du débarquement des

avant-gardes anglaises et se portait rapidement
à leur rencontre.

Ce rapport des reconnaissances de cavalerie
décida aussitôt l'État-Major anglais à faire
activer encore les opérations du débarquement,
car une attaque était imminente et il était
nécessaire d'avoir le plus rapidement le plus
de monde possible sous la main pour pouvoir
résister victorieusement à cette attaque.

Ordre fut également transmis aux commandants des diverses unités anglaises de faire
bivouaquer leurs troupes en arrière des crêtes,
de les couvrir par quelques terrassements
rapides et de proscrire pour la nuit les feux et
les lumières dans les bivouacs. L'artillerie
fut répartie par petites fractions sur toute la
ligne, mais une batterie entière fut installée
sur la route de Cherbourg en arrière de
Benoitville, encadrée par l'un des régiments
de Highlanders. La cavalerie se tenait près
du coude la route, en avant des Pieux.

Les Highlanders occupaient également les
positions de l'aile droite, tandis que trois
bataillons de Grenadiers et deux bataillons de
ligne (Lancashire) formaient l'aile gauche.

La nuit tout entière se passa sans amener
aucun incident sur ce front qui se déployait
sur une étendue de treize kilomètres. Mais
elle avait été mise à profit le long de la côte et

des troupes nombreuses avaient été débarquées et s'étaient rapprochées du front, en sorte que, quand l'aube du 24 se leva, les forces anglaises se trouvaient être aux forces françaises disponibles pour la défense de Cherbourg comme 6 est à 4.

Tout s'était donc passé au mieux pour lui, et il importait grandement au commandant anglais de profiter immédiatement de l'avantage que lui constituait cette avance et de marcher sur Cherbourg de façon à s'établir sur des positions meilleures et plus solides. Aussi, dès l'aube, l'armée anglaise fut-elle sur pied.

Le mouvement en avant s'opéra simultanément sur tout le front dans le sens d'un vaste changement de direction à gauche. En effet, tandis que l'aile gauche formant pivot allait seulement d'Héauville à Vasteville, le centre se portait sur la hauteur des Amériaux, et au château de Sotteville, et l'aile droite, obliquant vers le nord-est, gagnait Briequebose et Rauville-la-Bigot. Toutefois, le troisième bataillon du régiment de Grenadiers étant entré en ligne prolongeait le front vers l'aile gauche et occupait la hauteur au lieu dit La Boularderie de façon à couper le chemin de grande communication de Flottemanville-Hague à Vasteville. En même temps, des renforts occupaient Héauville, Helleville, Benoîtville et

Grosville. Ce mouvement, commencé au petit jour, était achevé avant six heures et, aussitôt, des patrouilles et des reconnaissances étaient envoyées en avant et signalaient la présence de troupes françaises sur la droite d'Acqueville, et à Teurtheville, Virandeville, Couville et Breuville.

En effet, le général de brigade d'infanterie de marine qui avait pris le commandement des troupes à Cherbourg s'était porté avec tout son effectif au-devant des Anglais et avait ainsi divisé sa troupe :

AILE GAUCHE

3 bataillons d'infanterie de marine dont deux à Breuville et un au petit bois situé au nord du moulin des Pavillons.

CENTRE

2 bataillons d'infanterie de marine à Couville formant régiment avec un bataillon du 77ᵉ territorial détaché sur leur droite.

3 bataillons du 25ᵉ régiment mixte occupant Teurthéville et Virandeville.

AILE DROITE

2 bataillons de fusilliers marins au croisement des chemins de Flottemanville à Teurthéville et de Nouainville à Vasteville.

RÉSERVE

1 bataillon de fusilliers marins à Nouainville.

2 bataillons du 77° territorial et un escadron de cavalerie à Sideville, un second escadron au croisement des routes de Martinvast à Ranville et de Saint-Martin de Couville.

Son mouvement, commencé vers 2 heures de l'après-midi, était terminé vers 6 heures du soir et le général avait résolu d'attaquer le lendemain de fort bonne heure.

Cependant, quelques patrouilles ayant pu, au lever du jour, s'approcher très près des bivouacs ennemis et ayant rapporté que de grands mouvements s'opéraient parmi les Anglais, le général, croyant à une attaque de la part de ceux-ci, préféra rester sur les solides positions qu'il avait prises le soir et dans la nuit, et d'y attendre de pied ferme l'attaque qu'il croyait imminente.

Les rapports de ses patrouilles étaient malheureusement controuvés et cet officier, ne sachant pas se servir de sa cavalerie qu'il avait, comme on vient de le voir, placée en réserve au lieu de l'employer à un service de reconnaissances, s'aperçut malheureusement trop tard que les Anglais avaient profité de son hésitation pour s'établir sur des positions infiniment plus solides et desquelles il lui serait peu facile de les déloger.

Ce ne fut qu'à huit heures du matin, après avoir fait de nouveau reconnaître les positions anglaises, qu'il donna l'ordre d'attaquer.

L'artillerie, placée dans le parc du château de Virandeville, ouvrit aussitôt le feu sur les Anglais qui avaient pris position au château de Sotteville et sur la hauteur des Amériaux. L'artillerie anglaise riposta immédiatement et une violente canonnade s'engagea. La très courte distance qui séparait les batteries rendait le tir extrêmement meurtrier de part et d'autre et, en moins d'un quart d'heure, quatre pièces anglaises étaient démontées aux Amériaux, tandis que les nôtres mieux dissimulées étaient encore indemnes au point de vue matériel et n'étaient atteintes que dans leur personnel.

En même temps que ce combat d'artillerie s'engageait au centre, l'aile droite prononçait une attaque sur Vasteville et l'énergie de ces deux bataillons de fusilliers marins forçait bientôt le régiment de Grenadiers à leur opposer ses trois bataillons pour se maintenir dans le village. Cependant l'effort des Français était si violent que bientôt le colonel des Grenadiers demandait aux réserves stationnées à Héauville de se rapprocher pour soutenir son régiment.

Devant une attaque si vigoureuse le commandant en chef des troupes anglaises crut deviner que le plan des Français était de déborder son aile gauche afin de couper ses communications avec la mer du côté d'Héauville et de Diélette, il fit immédiatement appuyer ses réserves de ce côté et tandis qu'un régiment entier (Lancashire), qui s'était rapidement groupé en avant d'Héauville, ralliant son premier bataillon primitivement en réserve à Helleville, entrait en ligne jusqu'à son dernier homme pour soutenir les grenadiers qui fléchissaient, les deux bataillons de réserve du régiment de Northumberland, jusqu'alors postés à Benoitville, se portaient au pas de course à Helleville pour y remplacer le bataillon du Lancashire; enfin, le bataillon du Northumberland, qui occupait la route près de Briecque bose rejoignait bientôt les deux autres à Helleville, afin que le régiment, entier et intact, pût se porter rapidement au point où sa présence serait rendue nécessaire par les événements.

Le capitaine de vaisseau commandant les fusilliers marins avait, de son côté, fait avancer son troisieme bataillon et, cherchant à donner le change, accentuait de plus en plus son attaque.

Ce n'était pourtant pas sur ce point que les Français voulaient enfoncer la ligne anglaise et si l'infanterie de marine avait été placée à l'aile gauche, c'est que, précisément, c'était l'aile droite anglaise qu'on voulait couper afin de rejeter les envahisseurs dans la Hague en leur coupant la retraite sur le Rozel et Siotot.

Le général, voyant l'aile gauche engagée si complètement à fond et devinant, plus qu'il ne le pouvait voir, le mouvement de flanc opéré en arrière de la ligne anglaise qui avait privé l'aile droite de sa réserve, juge le moment venu et donne à l'infanterie de marine l'ordre d'attaquer Beuville, tandis que le duel d'artillerie se continuera au centre.

Aussitôt les marsouins[1], qu'une longue attente avait rendus frémissants, quittent leurs positions et les deux bataillons jusque-là postés à Breuville se portent en avant au pas de charge, sans tirer un coup de fusil. Vainement la batterie d'artillerie qui a pris position en avant du village leur crache ses *schrapnels* à la figure, ils n'en vont pas un pas moins vite et ne paraissent pas se soucier des trouées que les canons ouvrent dans leurs rangs. Vainement les Highlanders, dès que nos fantassins sont à bonne portée, ouvrent sur eux un ter-

[1] Nom familier que les Fantassins de Marine se donnent eux-mêmes.

rible feu de mousqueterie; loin de ralentir
leur allure, nos marsouins. au contraire. la pré-
cipitent et s'avancent maintenant au pas gymnastique: c'est une course furibonde qu'aucun
obstacle n'arrête ou ne ralentit.

Mais pendant que les Highlanders fusillent
cette trombe qui s'approche de plus en plus,
ils n'ont pas gardé leur flanc et, tout à coup.
sur leur droite, un clairon français retentit,
déchirant l'air des notes ardentes de la charge.

C'est le bataillon de l'extrême aile gauche
qui, s'étant tenu jusqu'alors tapi dans un
petit bois, a quitté son abri et, traversant rapidement le petit vallon où se trouve le moulin
des Pavillons, vient attaquer en flanc les deux
bataillons de Highlanders déjà fort occupés de
recevoir l'attaque de front.

La surprise des Ecossais est si grande,
l'attaque est si soudaine, si violente, si furieuse,
que le désordre, avant-coureur de la défaite,
se met parmi les Highlanders. Ces soldats, si
braves d'ordinaire. ne peuvent résister aux
baïonnettes françaises et leurs rangs épais
plient, puis se rompent et se débandent, cre-
vés qu'ils sont par l'arme terrible que les
marsouins manient avec un entrain et une
adresse extraordinaires. Les artilleurs anglais
se font tuer sur leurs pièces et six bouches à
feu tombent en notre pouvoir.

C'est en vain que les officiers ramènent leurs hommes au feu et que les *Martiny* [1] crépitent avec rage, nos fantassins pressent les Ecossais, les culbutent, les assommant à coups de crosse quand ils sont las de travailler de la pointe, et les rejettent hors du village, les poursuivant dans une course furibonde, une envolée furieuse qui sème la mort et jonche le sol de cadavres à tuniques rouges.

Le troisième bataillon de Highlanders, qui jusqu'alors s'était tenu au Haut Bricquebosc, essaie de prendre les marsouins en flanc pendant que ceux-ci poursuivent les deux premiers bataillons, il ne réussit qu'à prendre sa part de l'orage et la trombe de fer le culbute comme elle a culbuté les deux premiers bataillons.

Les Highlanders battent en retraite sur Bricquebosc et tentent vainement de recommencer la résistance dans ce village où ils sont ralliés par un bataillon du régiment de Northumberland. L'attaque se fait tout entière de flanc et dans un terrain bien trop couvert pour que l'artillerie ou la cavalerie y puissent être du plus maigre secours. Les marsouins poursuivent en les serrant de près les soldats

[1] Fusil de l'armée anglaise.

de Sa très gracieuse Majesté britannique et leur élan n'est arrêté que par la vive fusillade qui les accueille au château de Sotteville occupé par un bataillon de Highlanders et un bataillon du Northumberland.

Les fuyards qu'ils poursuivaient vont se reformer en arrière et leurs chefs, tout à l'heure, les ramèneront au feu.

Cependant les fusilliers marins à l'aile droite n'ont rien perdu des avantages que leur ont acquis la soudaineté et la vigueur de leur attaque sur Vasteville, et le général voit le feu d'artillerie des Anglais perdre de son intensité aux Amériaux. Jugeant le moment propice pour attaquer cette position, il donne l'ordre aux 4ᵉ et 5ᵉ bataillons d'infanterie de marine et au 1ᵉʳ bataillon du 77ᵉ territorial de se porter de Couville à Virandeville pour s'y former en réserve, il dirige le 25ᵉ régiment mixte à l'attaque des Amériaux.

Un escadron de chasseurs à cheval reste à la garde de la voie ferrée et les deuxième et troisième bataillons du 77ᵉ territorial qui formaient, avec le 2ᵉ escadron de chasseurs, la réserve à Martinvast se portent à Virandeville. De telle sorte, qu'au moment où le 25ᵉ mixte va attaquer les Amériaux, deux bataillons d'infanterie de marine, les trois bataillons du 77ᵉ territorial et un escadron de cavalerie

forment une puissante réserve de troupes
fraîches dans ce dernier village.

Le 25⁰ mixte s'ébranle.

Son troisième bataillon, que suivent deux
sections d'artillerie, s'élance de Teurthéville
au pas gymnastique, longe au sud le bois de
Nérest et va prendre position sur la hauteur
au nord de Riglon ; les canons y sont aussitôt
mis en batterie et ouvrent le feu sur la batterie
anglaise des Amériaux qu'ils prennent en
écharpe.

En même temps, les deux premiers bataillons du 25⁰ mixte se portent, le premier, par la
route des Pieux, et le second, à travers champs
par Graville, contre les bataillons de Highlanders qui couronnent la hauteur.

La position des Anglais se fait de plus en
plus critique, leur front est attaqué sur toute
son étendue et, si l'aile gauche s'est diffici-
lement maintenue à Vasteville contre l'effort
des fusiliers marins, l'aile droite, au contraire
a dû successivement abandonner Rauville-
la-Bigot et Bricquebosc et se trouve débor-
dée par l'énergique mouvement en avant de
nos fantassins de marine.

Le général anglais se rend compte de la
situation et, sans un seul moment d'hésitation,
il fait entrer en ligne toutes les forces dont il
dispose, engageant ses réserves jusqu'au der-

nier homme. Ses dragons s'élancent et viennent, sur la route où il s'est avancé, sabrer le
premier bataillon du 25° mixte, tandis que les
réserves se portent au pas de course aux Amériaux.

La charge des dragons a réussi à débander
le bataillon du 25° mixte, mais les cavaliers
se laissent emporter trop loin et sont reçus en
avant de Virandeville, au hameau des Comtes,
par les quatrième et cinquième bataillons d'infanterie de marine qui dirigent contre eux
une fusillade nourrie et meurtrière. Les cavaliers sont obligés de rétrograder et reçoivent,
en repassant à hauteur du bataillon du 25°
qu'ils ont débandé tout à l'heure et qui s'est
reformé, une décharge qui jette à terre de
nombreux dragons, tandis que les autres
fuient dans le plus grand désordre.

Pourtant cette charge a rompu l'élan de l'attaque et le deuxième bataillon du 25° mixte
qui a abordé, seul et de front, la position des
Amériaux essuie un sanglant échec sur la
pente abrupte qui forme le versant nord-ouest
de cette petite colline.

Par trois fois, le bataillon s'élance à l'assaut, la baïonnette au canon, comptant sur
l'avantage que lui donnera le combat à l'arme
blanche, par trois fois il est repoussé. Vainement les deux sections d'artillerie qui sont

au-dessus du Riglon essaient d'enfiler les rangs anglais, on leur oppose la canonnade des Amériaux et, bientôt, deux des quatre pièces sont démontées et mises hors de combat. Vainement le bataillon qui les avait accompagnés s'élance pour attaquer les Amériaux par leur versant nord, il est, lui aussi, repoussé et la *tactique des petits paquets* nous est aussi funeste que, dans un autre temps, nous l'a été la *politique des petits paquets*.

Les deux bataillons d'infanterie de marine en réserve à Virandeville s'élancent pour soutenir l'attaque, mais, au moment où ils abordent la pente si funeste au 2ᵉ bataillon du 25ᵉ mixte, le régiment de Northumberland, dont une partie avait été tenue en réserve, entre en ligne et renforce les deux bataillons de Highlanders qui défendent la position. Une lutte acharnée s'engage, les marsouins gravissent la pente sous un feu terrible et sèment le terrain de leurs morts et de leurs blessés; rien ne les arrête et les voilà bientôt qui couronnent la hauteur. Mais les Anglais pourtant ne lâchent pas pied : les Ecossais reforment leurs rangs dans lesquels les assauts du 25ᵉ mixte ont ouvert de larges trouées, puis ils s'élancent sur les fantassins de marine qui luttent alors dans la proportion de deux contre cinq.

Des deux côtés, la bravoure et la rage sont
égales, c'est une lutte effroyable entre les soldats français petits et trapus et les gros et
grands Highlanders. Toutes les armes servent
en même temps et les légères épées de nos
officiers heurtent avec furie les lourds et
longs sabres des officiers écossais, les revol-
vers font entendre leurs détonations sèches
au milieu du crépitement ininterrompu de la
fusillade, les coups de baïonnette font rage et
le sol, que foule une indescriptible mêlée, se
jonche de morts et de blessés affreusement
déchirés ou mutilés.

Mais, de quelque bravoure que soit animée
une troupe, elle ne pourra jamais que succomber sous le nombre. L'entrée en ligne de
deux bataillons du régiment de Lancashire,
qu'on avait pu retirer de Vasteville où l'attaque des fusiliers marins se faisait moins
pressante, force enfin les marsouins à rétrograder et, lentement, faisant toujour face aux
Anglais qui les fusillent avec rage, ils redes-
cendent cette pente qui leur avait tant coûté
à gravir sous le feu et qui leur coûte presque
autant dans la retraite.

Pendant que les marsouins attaquent le
petit plateau des Amériaux, le 25ᵉ mixte a pu
se reformer en arrière de Graville où ses trois
bataillons décimés se sont ralliés. Rappro-

chés des Amériaux, ils recueillent les fantassins de marine et, entrant de nouveau en
ligne, ils permettent à ceux-ci d'aller se reformer.

Mais l'attaque du château de Sotteville que
défendent quatre bataillons de Highlanders
contre trois bataillons d'infanterie de marine
n'a pas progressé et nos fantassins n'ont
guère gagné de terrain. Les Écossais
solidement établis derrière les murs du château fusillent presque sans risque les marsouins qui s'avancent presque à découvert.
L'ordre de l'assaut va être donné quand, soudain, la fusillade éclate sur la gauche de nos
marsouins et prend leurs colonnes en écharpe.

C'est un régiment anglais, le Devonshire,
qui, débarqué le matin à l'anse de Sciotot,
accourt au canon et vient attaquer les nôtres
en flanc. En même temps, les Highlanders s'é-
lancent dans une vigoureuse sortie et assaillent nos marsouins de front et à la baïonnette. Devant cette double attaque poussée
avec tant de vigueur par des troupes qui,
comme les Écossais, ont leur échec piteux
du matin à venger, ou qui, comme le Devonshire, n'ont pas encore été au feu, notre régiment est obligé de rétrograder et, repassant
par Bricquebosc, il est bientôt contraint d'a-
bandonner cette position pour regagner au

plus vite Rauville-la-Bigot où il se barricade en hâte. Tandis que le Devonshire le poursuit, les Highlanders, laissant un bataillon au château de Sotteville et un autre près de Bricquebosc, sur la route de Benoitville à Couville, lancent deux bataillons sur Couville pour couper, à la Vallée, la retraite à l'infanterie de marine et s'emparer de la voie ferrée à cette station située au-dessus de la bifurcation de Sottevast.

Les deux bataillons de Highianders s'arrêtent un instant en avant de Couville où quelques coups de fusils accueillent leur tête de colonne. Ils hésitent à s'avancer, craignant qu'une réserve dissimulée dans le village ne leur en dispute la possession, et leur chef envoie aussitôt des patrouilles de reconnaissance. Ils n'ont pourtant devant eux qu'une section d'infanterie de marine que le chef du 5° bataillon a laissée là le matin en partant pour Virandeville afin de surveiller la route.

Entendant la fusillade éclater sur un point si proche, le commandant des chasseurs restés à la Vallée envoie aussitôt un cavalier aux informations. Celui-ci part ventre à terre et revient bientôt apportant la nouvelle de cette marche des Ecossais. Aussitôt l'escadron s'ébranle et se porte au grand trot à Couville.

A peine y est-il arrivé que les Highlanders,

croyant d'après les rapports de leurs patrouilles qu'ils n'ont devant eux qu'une poignée d'hommes, s'élancent en groupes compacts. sans même couvrir leur tête de colonne par des tirailleurs. Mais au moment où. franchissant le cours de la Divette, au Fleury. ils ne sont plus qu'à trois cents mètres environ des premières maisons du village, une furieuse décharge de mousqueterie éclate et déchire l'air et la gerbe de plomb vient faucher leurs premiers rangs.

Alors. profitant du trouble. que leur feu vient de jeter parmi les Écossais, l'escadron de chasseurs s'élance et les charge à fond. Les Highlanders fuient dans tous les sens. poursuivis par le sabre ou la carabine, et ce n'est que près de Bricquebose. où leur troisième bataillon les recueille. qu'ils s'arrêtent enfin.

De part et d'autre. les troupes sont épuisées par cette lutte qui a commencé à 8 heures du matin et reste encore indécise alors que trois heures sont déjà sonnées. Ni l'un ni l'autre des bataillons engagés n'a joui depuis le matin d'un seul instant de repos, et les soldats sont encore à jeun.

Au centre, le combat a recommencé de plus belle.

Les deux bataillons d'infanterie de marine et les trois bataillons du 25ᵉ mixte se sont reformés entre Gràville et la Berquerie et se disposent de nouveau à l'attaque des Amériaux. Deux bataillons du 77e territorial ont quitté Virandeville et sont venus les rejoindre. La colonne s'est formée pour l'assaut; soudain les clairons sonnent la charge, les huit bataillons s'élancent ayant leur droite à la hauteur et en avant de Gràville et leur gauche à la Berquerie.

En haut de l'escarpement, le régiment de Northumberland est déployé en ligne sur deux rangs et ouvre un feu terrible sur les assaillants. En arrière, soutenant la droite, les deux bataillons de Highlanders sont formés en colonne serrée et leurs hommes sont couchés; soutenant la gauche, les deux bataillons du Lancashire ont pris les mêmes dispositions.

Le feu du Northumberland n'arrête pas notre colonne dont le 25e mixte forme le centre, l'infanterie de marine la gauche et les deux bataillons du 77e territorial la droite. C'est à peine si les furieuses décharges des Anglais font osciller la ligne française et lui impriment un léger mouvement de lacet sans aucune importance.

Nos soldats gravissent le rude escarpement au pas de charge; derrière eux, les clairons sonnent à pleines lèvres leurs notes ardentes et affolées : la baïonnette va faire son œuvre

et les assaillants réservent leurs cartouches
pour une autre heure. Ils abordent ainsi le
plateau, mais à ce moment les Highlanders et
le Lancashire se redressent et, par-dessus les
rangs du Northumberland, envoient une foudroyante volée de plomb à la face des nôtres
que cette décharge fait hésiter un moment.
Les soldats du Lancashire, saisissant avec à
propos ce léger temps d'arrêt, foncent sur
le 77ᵉ territorial qui reçoit bravement le choc,
y résiste d'abord, mais, bientôt après, plie sous
cette furieuse contre-attaque.

A droite, les Highlanders essaient de la
même manœuvre, mais avec moins de succès,
car les marsouins les arrêtent net dans la lutte
à l'arme blanche et les refouleraient si le
centre, où le 25ᵉ mixte s'est fait décimer pendant la montée par le feu du régiment de
Northumberland, n'était pas lui-même obligé
de plier.

L'assaut est repoussé et nos hommes redes-
cendent vers Gràville, mais lentement et sans
cesser de faire face à l'ennemi.

Tout à coup, alors qu'ils sont à peu près à
moitié de la pente, la sonnerie : *en avant* retentit, aussitôt suivie du *pas de charge* ; le général lui-même ramène ses troupes à l'assaut et,
l'épée à la main, il se montre en avant de la
ligne, tous les officiers l'imitent : cet exemple

enflamme les hommes et les voici de nouveau sur la crête.

Furieuse, affolée, sanglante, la mêlée s'engage.

Dans un indescriptible tourbillonnement, où le seul bruit qu'on entende consiste dans les juremenls affreux, les cris épouvantables des blessés et le froissement des fers les uns contre les autres, la baïonnette fait son œuvre salement et hideusement meurtrière. Les mourants tombent et râlent, la poitrine crevée ou le ventre ouvert, exhalant leur dernier souffle dans une horrible imprécation ou dans un cri de rage rendue plus violente de ce qu'elle est plus impuissante.

Partout, sur cet étroit plateau, on s'égorge, on se tue avec des clameurs sans nom et des cris démoniaques.

Aucun des deux partis ne veut céder la place : les Anglais sont confiants dans leur nombre, les Français le sont dans la fougue de leur attaque et ne veulent point reculer, malgré la supériorité qu'ils sentent du nombre de leurs adversaires. Ce n'est plus de l'opiniâtreté ni de la bravoure, c'est un frénétique affolement qui fait se ruer ces hommes les uns contre les autres. Ce n'est plus la bataille, c'est l'effroyable boucherie !

Mais soudain les clairons français sonnent

la retraite. Alors c'est, chez les nôtres, une hésitation dont les Anglais profitent pour se ruer sur eux, comme les chiens à la curée, avec une ardeur plus sauvage encore. Et, dans l'affolement où sont ces hommes, la retraite n'est pas possible au sens littéral du mot, il faut, ou lutter jusqu'au dernier souffle du dernier homme, ou fuir en déroute. Et la sonnerie continue de retentir, conseillère mauvaise qui demande le recul et obtient la fuite.

Nos soldats épuisés, harassés, sous la néfaste impression du conseil de lâcheté que leur souffle la sonorité des clairons, ne descendent pas les pentes du plateau, il les dégringolent, ils les déboulent et, inconscients de la ligne de retraite qu'il faut garder sur Martinvast, ils se jettent dans le hameau de Gràville et, de là, par un chemin où trois hommes peuvent à peine passer de front, ils fuient vers le nord.

Ah! c'est qu'ils ont laissé bien des leurs sur le plateau ou sur ses pentes dans les efforts héroïques qu'ils ont tentés contre les Anglais et, *grosso modo*, avec une brutalité toute soldatesque, ils estiment qu'il en manque maintenant plus de la moitié à l'appel.

Cette retraite, cette déroute plutôt, — pour appeler les choses par leur nom — est un trop beau succès pour que les Anglais n'en profitent pas. Le régiment de Northumberland, moins fatigué, se lance à la poursuite des nôtres.

Le troisième bataillon du 77e territorial, qui s'était avancé par les Comtes pour soutenir l'assaut, arrive trop tard pour recueillir les fuyards, mais il est là juste à temps pour arrêter un moment la poursuite et donner à ceux qui battent en retraite le temps de se rallier un peu.

Et, autour des quelques maisons du hameau de Gràville, ces hommes qui, tous, sont mariés et pères de famille, ces hommes que la mobilisation a brusquement arrachés à leur foyer, à leur comptoir, à leur atelier, bravement, froidement, à la seule pensée qu'une demi-heure, un quart d'heure seulement de retard donné aux poursuivants peut assurer le salut des poursuivis, veulent gagner ce temps, dût-il coûter le dernier soupir au dernier d'entre eux !

Ils ont mesuré le danger et savent que le péril est grand, mais leur courage est de même taille ; et ces hommes, que leur maturité a faits plus aptes aux combats de la paix qu'aux luttes de la guerre, s'apprêtent à recevoir le choc du régiment de Northumberland et, se groupant, serrés autour de leur drapeau jusqu'alors vierge et qu'ils vont teindre de leur sang, ils poussent tous ensemble un cri de : *Vive la France !* qui rappelle, mais en l'ennoblissant, le *Morituri te salutant!* des cirques romains.

Ce cri, qui emprunte aux circonstances une majesté grandiose, et la furieuse décharge par laquelle ceux qui viennent de le pousser lui font écho, arrêtent un moment le Northumberland, surpris de rencontrer encore une résistance là où il ne croyait plus trouver que la démoralisation de la défaite, et le combat s'engage, furieux.

Pendant ce temps, à l'aile droite des Anglais, le Devonshire qui vient à peine d'entrer en ligne et n'a devant lui que trois bataillons d'infanterie de marine qui sont engagés depuis le matin, dont les rangs sont très éclaircis et dont les hommes encore à jeun sont effroyablement harassés, pousse devant lui cette troupe en retraite qui s'arrête et se barricade dans le village de Rauville-la-Bigot qu'elle avait enlevé le matin aux Highlanders.

La lutte recommence et l'héroïque résistance des fantassins de marine dans ces quelques maisons rappelle le souvenir de leur lutte du 1ᵉʳ septembre 1870 dans Bazeille assailli par les Bavarois de Von der Tann. Ils jettent en travers des rues tous les objets qui leur tombent dans la main; à genoux derrière ces remparts improvisés, épargnant avec soin leurs munitions, ils attendent que la tunique rouge d'un soldat du Devonshire se montre et alors, ajustant lentement, avec le même sang-froid qu'ils auraient sur le champ de tir, ils lâchent le coup et le soldat qui s'est imprudemment montré roule à terre.

Dix fois, le Devonshire s'élance pour s'emparer du village; dix fois, il est repoussé et, à chaque assaut qu'il tente, il jonche le sol de ses morts et de ses blessés.

Cependant la batterie qui avait été installée au château de Sotteville et qui n'y sert plus à rien est attelée et vient prendre position, à l'extrême droite des Anglais, et un peu en avant de leur ligne, à la Houssée, d'où elle canonne le village qu'elle domine de près de 100 mètres. Devant cette intervention de l'artillerie, nos fantassins sont obligés de lâcher pied et battent en retraite sur la Vallée par la route de Bricquebec à Martinvast.

Le Devonshire les poursuit et les Highlanders qui, tout à l'heure, ont essuyé à Couville la charge des chasseurs territoriaux et, depuis, se sont ralliés et reformés, entendant la fusillade de Rauville se rapprocher d'eux, foncent de nouveau, traversent Couville abandonné et viennent attaquer la voie ferrée au nord de la Vallée, tandis que le Devonshire, arrivant par Talfaret, l'attaque par le sud.

Vainement, les chasseurs essaient de char-

ger ce régiment enivré par les avantages qu'il
a successivement remportés au château de
Sotteville, à Bricquebosc et à Rauville ; de furieuses décharges les reçoivent et leur font
tourner bride : vainement, les fantassins de
marine occupent les bâtiments de la gare
situés en contre-bas de la route et se répan-
dent au sommet des talus de la tranchée d'où
ils dirigent un feu rasant et très nourri sur
les Anglais : ceux-ci, enhardis par leur succès,
foncent encore, foncent toujours, profitant de
leur supériorité numérique, la baïonnette
même ne les arrête pas et, au bout d'une
demi-heure de lutte, marsouins et chasseurs
sont obligés d'abandonner la position et battent en retraite sur Martinvast, tandis qu'un
de leurs officiers répète ce mot que l'histoire
anecdotique de la guerre de 1870 nous a
transmis :

— Ils sont trop !

. . . .

Notre gauche et notre centre sont irrémédiablement enfoncés ; seule, notre droite où
les fusilliers marins se sont battus comme des
lions contre les grenadiers anglais a tenu tout
le jour sur les positions enlevées au début de
la bataille et d'où l'ennemi a fait de vains
efforts pour les déloger.

Cependant leur commandant, s'apercevant

que l'attaque sur les Amériaux a échoué et
entendant la fusillade retentir à Teurthéville,
craint avec juste raison d'être coupé et, lentement, pied à pied, il recule jusqu'à Acqueville. Autant ses fusiliers marins ont apporté
de *furia* dans l'attaque du matin, autant ils
apportent de calme et de sang-froid dans ce
mouvement rétrograde qui leur convient peu,
mais qu'ils exécutent avec une discipline merveilleuse.

De tous les corps engagés depuis le matin,
ce sont eux qui ont encore le moins souffert
et la sage lenteur de leur retraite fait qu'elle
leur coûte fort peu de monde.

Le bataillon territorial que nous avons
laissé à Grâville aux prises avec le régiment
de Northumberland a fait dans ce hameau
une héroïque résistance et durant près de trois
quarts d'heure, il a tenu les Anglais en respect. Mais ses forces s'épuisent, ses hommes
tombent, son feu se ralentit, le Northumberland charge à fond, et le malheureux bataillon
dont il reste à peine la moitié des hommes
debout, et dont presque tous les officiers sont
hors de combat, est dispersé par la trombe
de fer qui court vers Teurthéville et s'y heurte
aux vaincus des Amériaux.

La lutte recommence, plus violente, plus
furieuse qu'elle ne l'a été à aucun moment

de la journée. C'est pied à pied qu'il faut conquérir le terrain en avant du village; c'est haie par haie, mur par mur et en essuyant de nouvelles pertes à chaque nouvel obstacle, que le Northumberland s'avance jusqu'aux premières maisons: dans le village même, il lui faut faire le siège de chaque maison, forteresse improvisée, dont toutes les baies vomissent la mort sur les Anglais.

Le jour commence à baisser et le régiment de Northumberland est sur le point de renoncer à une épouvantable lutte dans laquelle chaque pied de terrain conquis lui coûte au moins un homme, quand les deux bataillons du Lancashire arrivent à son aide et attaquent Teurthéville par la droite, du côté de Viraudeville.

Nos soldats résistent encore, ils résistent quand même. Ce ne sont plus des bataillons ni des compagnies que les Anglais ont devant eux; ce ne sont plus que des fantômes de bataillons, des squelettes de compagnies, et tous ces hommes, dans le tourbillonnement de la lutte, séparés de leurs chefs naturels, se sont regroupés au hasard sous la conduite d'autres officiers et combattent encore, fidèles au devoir, héroïques jusqu'au bout, sachant bien que le bout... c'est la mort!

La nuit est venue, et le combat se continue

à la lueur des incendies que la lutte a allumés. Dans cette atmosphère rouge que traversent les fulgurations rapides des coups de fusils, on se tue à bout portant, car, à dix pas, on ne voit plus si l'ombre qui se présente est amie ou ennemie; on s'égorge, on s'éventre à la baïonnette et le combat se prolonge tard, très tard, rendu plus horrible encore par l'ombre épaisse d'une nuit sans lune; puis, petit à petit, les coups de fusils retentissent de moins en moins nombreux, le combat cesse, les Français vaincus, accablés sous le nombre, battent en retraite.

Et la nuit d'un noir d'encre qui s'est répandue sous un ciel sans étoiles vient, après l'effroyable fracas d'une journée de bataille, jeter sur la terre toute fumante du sang répandu, ce grand calme lugubre que, seuls, traversent les appels des amis qui se cherchent et les gémissements des blessés demandant, dans leur fièvre, qu'on les secoure ou qu'on les achève.

CHAPITRE VII

CHERBOURG

Lorsque le voyageur, assis sur le tillac d'un navire passant en vue de Cherbourg, fouille de sa jumelle cette baie grande ouverte qui s'étend sur une largeur de 28 kilomètres entre le cap Lévi à l'est et la Pointe d'Omonville à l'ouest et n'a, dans sa plus grande profondeur, qu'à peine 6 kilomètres et demi, il reconnaît aisément combien la nature nous fut inclémente en ne nous accordant aucun abri, aucun refuge, dans ces parages cruellement battus par les flots d'une mer toujours agitée et souvent furieuse,

Et pourtant, il était de toute nécessité que, sur ce littoral où se sont fondées nos villes maritimes les plus florissantes, la France possédât un refuge pour ses navires de guerre, un port où ils pussent se ravitailler à l'aise à l'abri des projectiles des canons ennemis et lorsqu'en 1692, Tourville, assailli par les flottes combinées de l'Angleterre et de la Hollande, perdit en s'y couvrant de gloire la célèbre ba-

taille de la Hogue [1], cette nécessité s'affirma
plus impérieuse encore.

Presque aussitôt, on commença l'étude d'un
projet de la digue actuelle, mais la construction, mise en œuvre sous le règne de Louis XVI,
ne fut achevée que sous l'Empire, et ce n'est
que plus tard, et petit à petit, que, par la construction d'ouvrages complémentaires, on arriva au but que s'étaient proposés les initia-
teurs du projet : faire de Cherbourg une place
maritime de premier ordre.

En effet, tel qu'il se présente vers la mer, le
système défensif de Cherbourg comprend, en
allant de l'est à l'ouest : la batterie des Grèves
destinée à défendre la passe comprise entre la
terre et l'île Pelée, le fort de l'île Pelée et le
fort de l'est sur l'extrémité orientale de la digue défendant la passe de 800 mètres qui les
sépare, le fort central qui bat la haute mer;
le fort de l'ouest sur l'extrémité occidentale de
la digue, le fort Chavagnac, sur un îlot au
milieu de la passe, et le fort de Querqueville,
sur la pointe du même nom, défendent la passe
de l'ouest.

C'est donc, en première ligne, un ensemble de sept ouvrages de premier ordre.

[1] On dit aujourd'hui La Hague — Pointe nord ouest du
Cotentin.

En arrière, sur la terre ferme, les trois forts des Flamands, du Gallet et du Homet, les batteries établies sur la côte comme Rocfort, par exemple, et les bastions qui ferment l'arsenal au nord, peuvent battre la rade dans tous les sens et la rendre intenable à tous navires qui auraient réussi, contre toutes probabilités, à forcer l'une des quatre passes.

Enfin, en arrière de la ville et du port marchand, se dresse la colline du Roule que couronne un fort puissant dont les terre-pleins sont situés à près de 120 mètres au-dessus du niveau de la mer. De ses batteries, le regard s'étend au ras de l'eau jusqu'à 40 kilomètres et la coque d'un navire y est visible jusqu'à 45 à 46 kilomètres.

De l'ensemble de ses ouvrages, il résulte bien réellement qu'il faudrait qu'un vent de folie ait soufflé sur le cerveau d'un chef d'escadre pour que celui-ci se pût décider à venir tenter le forcement des passes de Cherbourg. Mais il ne s'ensuit pas que les navires amis y puissent trouver un abri bien sûr contre les fureurs de la mer ou contre les atteintes de l'ennemi.

Il ne faut, en effet, jamais avoir vu la rade de Cherbourg lorsque souffle le vent d'ouest, de nord-ouest ou de nord-est pour penser que la mer y jouit d'un calme même relatif. Il n'est pas rare de voir les grosses lames du large venir par les passes s'engouffrer dans la rade et en rendre le séjour impossible aux bâtiments légers, ou bien rouler jusque contre la digue, la franchir et retomber dans la rade. Dès que la mer est houleuse, elle moutonne presque autant en rade qu'au large et fatigue les bâtiments qui y sont au mouillage.

Avec l'ancienne marine, la rade présentait aux navires amis un abri contre les entreprises des navires ennemis, mais en est-il de même aujourd'hui, et des passes variant entre 900 et 1,200 mètres de large n'offrent-elles pas une facilité d'accès suffisante pour qu'un torpilleur s'y glisse nuitamment et vienne, en pleine rade, sous nos yeux, faire sauter un cuirassé, espoir de notre marine et représentant un capital qui peut varier entre 15 et 25 millions de francs ?

Cet ennemi, peu visible de jour, est invisible la nuit et, quelque puissants que puissent être les postes électriques disséminés dans tous les forts qui dominent et défendent la rade, ne passera-t-il pas aisément entre les mailles de ce filet ?

Nous sommes de ceux qui estiment qu'en matière de défense nationale, rien ne doit être livré à un hasard, y eut-il même neuf cent quatre vingt-dix-neuf chances contre une pour que ce hasard ne pût se produire.

Mais, lorsqu'un ministère présente au Parlement un projet de loi portant ouverture de crédits pour la mise en état de défense d'un port comme Cherbourg et qu'un député du département de la Manche monte à la tribune pour soutenir le projet du gouvernement, il est accueilli par des sourires pleins d'insinuations méchantes et son premier soin doit être de se défendre de travailler dans un intérêt local et de vouloir poser des jalons pour sa réélection[1].

C'est à des suspicions d'un goût aussi douteux que s'arrête notre Parlement, alors que des projets d'un intérêt vital pour la patrie sont en discussion devant lui. C'est ainsi qu'il étale, aux yeux du pays étonné, son incroyable incapacité.

Telle qu'elle est, la rade de Cherbourg n'est donc pas le refuge, l'abri, le lieu de ravitaillement qu'il faudrait qu'elle soit pour le bien de la défense nationale, mais elle est, à coup sûr, à l'abri d'une tentative maritime de vive force, quelque puissante qu'elle puisse être d'ailleurs.

Et cela, les Anglais l'avaient si bien compris que, malgré le nombre et la force de leur flotte, ils n'avaient rien tenté contre la cita-

[1] Voyez *Journal officiel* du 19 janvier 1889 : compte rendu de la Chambre des députés.

delle maritime de la Manche, du côté de la mer, et avaient préféré l'assaillir, d'abord, du côté de la terre.

Leur projet, à cet égard, datait de longtemps et avait été longuement et mûrement étudié ; l'exécution de la première partie, c'est-à-dire le débarquement des troupes d'invasion, s'était faite avec une rapidité qui montre clairement quelle était la maturité et le bien-fondé de leur plan.

Quels obstacles maintenant allaient-ils rencontrer devant la ville ?

Si, comme nous venons de le voir, Cherbourg est une citadelle de premier ordre du côté de la mer, il n'est pas inconsidéré de dire que, du côté de la terre, la place est à peu près indéfendable.

Cherbourg est, en effet, une ville ouverte s'appuyant par son plus petit côté à l'arsenal entouré d'une ligne bastionnée continue ; mais ces remparts, n'ayant qu'un très faible commandement sur le terrain environnant, sont complètement dominés par les collines plus ou moins élevées qui entourent la cuvette où se trouve la ville. Six ouvrages fortifiés couronnent ces hauteurs et forment une ceinture qui s'étend du sud-est à l'ouest. Ce sont, en partant du sud-est, le *Roule*, *Octeville*, les *Fourches*, le *Tôt*, les *Couplets*, et enfin à l'ouest un fortin innommé et, d'ailleurs, sans aucune importance ni valeur défensive.

Ce fortin étant éliminé, il reste à la défense les trois forts du Roule, d'Octeville et des Fourches, desquels le premier, seul, a une réelle valeur, et les Redoutes du Tôt et des Couplets, qui couvrent le gros village d'Equeurdreville et les bastions de la face ouest de l'arsenal d'une insuffisante protection.

Mais ces ouvrages ont tous cet immense défaut d'avoir été construits en visant presque uniquement l'éventualité d'une attaque maritime presque impossible et, par conséquent, de ne présenter qu'un obstacle dérisoire à un ennemi venant de la terre.

On a beaucoup parlé, pour la protection éventuelle de la presqu'île du Cotentin, de la sécurité que présentent les lignes naturelles de défense Carentan-Portbail. On a beaucoup épilogué sur le passage de deux kilomètres seulement qu'une inondation artificielle laisserait entre ces deux points, et sur la facilité qu'on aurait à défendre cet étroit passage; mais jamais un homme de guerre n'avait prévu cette éventualité d'un débarquement ennemi, soit entre Portbail et la Hague, soit entre Carentan et Barfleur.

On n'a envisagé cette hypothèse qu'une seule fois. Alors on a étudié la question, on a très probablement, pendant des années, payé grassement des ingénieurs pour rechercher les moyens de parer à ce danger. on a fait fonctionner des commissions dont les membres se sont endormis sur les dossiers du projet qui leur était soumis, on a remué des montagnes de papier. on a, bureaucratiquement, mis Pélion sur Ossa, et, de cette montagne en gésine. il est né quoi ?... une souris : la dérisoire batterie de Sciotot !

Après cette longue gestation, après cet accouchement extra-laborieux. les plumitifs de tous poils et les ingénieurs de toutes plumes se sont frotté les mains et se sont mutuellement félicités d'avoir assuré la défense nationale.

Les événements rapportés dans le chapitre précédent et ceux qui vont faire l'objet de la suite du présent chapitre vont nous montrer jusques à quel point la défense nationale était assurée.

A la suite de la bataille du 24 avril et de la retraite à laquelle avaient été contraintes les troupes françaises. toute action en avant de Cherbourg avait été jugée inutile et même périlleuse, étant donné les faibles effectifs auxquels les quatorze bataillons de la défense avaient été réduits.

On fit donc rallier toutes les troupes autour

de la ville et, comme on n'ignorait pas que les Anglais, quelque pressés qu'ils pussent être de tirer profit de leurs avantages, avaient acheté ceux-ci trop cher pour n'avoir pas eux-mêmes besoin de prendre le temps de souffler, on en conclut que la nuit pouvait sans danger être consacrée à un sommeil réparateur, et on remit à la matinée du lendemain la réunion des troupes par fractions constituées et leur répartition entre les différents forts ou redoutes.

Toute la nuit, des hommes éclopés ou égarés rentrèrent en ville et quand, l'aube s'étant levée, on put réunir tout le monde, on constata la perte ou la disparition de plus d'un tiers de l'effectif. Avec les débris des bataillons engagés la veille on put seulement reconstituer :

2 bataillons de fusiliers marins ;

3 bataillons d'infanterie de marine ;

3 bataillons formés avec le 25e mixte et le 77e territorial, soit un total de huit bataillons qu'on répartit de la façon suivante.

Les deux bataillons de fusiliers marins au Roule ; les trois bataillons d'infanterie de marine dans les forts d'Octeville et des Fourches et la redoute du Tôt ; un demi-bataillon du régiment territorial à la redoute des Couplets, ayant une demi-compagnie dans le Fortin au nord de cette redoute ; et le général gardait en

ville deux bataillons et demi du régiment ter-
torial comme réserve.

Vers onze heures du matin, les sentinelles
qu'on avait laissées en avant de la ligne des
forts n'avaient encore signalé aucun mouvement de l'ennemi, et ce n'est guère que vers
2 heures de l'après-midi que des reconnaissances se montrèrent, de plus en plus nombreuses et de plus en plus hardies.

Au moment où le combat avait cessé, voici
quelles étaient les positions des Anglais.

Le régiment de Devonshire et quatre bataillons de Highlanders à la Vallée, le régiment
de Northumberland, deux bataillons du Lancashire et deux bataillons de Highlanders à
Teurthéville, le régiment de Grenadiers et un
bataillon du Lancashire à Acqueville ; les
dragons s'étaient ralliés au château de Virandeville et l'artillerie s'était installée au château
de Sotteville.

Mais, aussi bien pour eux que pour nous,
les pertes avaient été considérables et leurs
bataillons avaient, eux aussi, des effectifs exces-
sivement réduits.

Ce ne fut guère qu'à onze heures du matin
qu'ils purent reprendre le mouvement en avant
et qu'ils couvrirent leur front par des reconnaissances fournies mi-partie par les dragons
et mi-partie par les fantassins. La marche fut

donc lente et la journée se passa sans combat : c'est à peine si quelques coups de fusils furent échangés entre les patrouilleurs anglais et les sentinelles françaises.

Enfin, dans la soirée, les Anglais s'établirent dans les positions d'attaque suivantes :

1° Le premier régiment de Highlanders à Nacqueville, ayant ses avant-postes formés par un bataillon au château de Querqueville ;

2° Le régiment de Northumberland à Tonneville avec un bataillon détaché comme soutien d'une batterie d'artillerie à Bénécére ;

3° Le régiment de Lancashire à Nouainville avec un bataillon détaché aux Moitiers, en soutien d'une batterie d'artillerie ;

4° Le régiment de grenadiers au Pont, en avant de Martinvast où se trouvent l'Etat-Major et les Parcs ;

5° Le deuxième régiment de Highlanders et deux bataillons du régiment de Devonshire près des deux batteries d'artillerie établies sur la hauteur des Rouges-Terres ;

6° Un bataillon du Devonshire avec une batterie d'artillerie au hameau Quevillon.

Les batteries ainsi disposées peuvent battre aisément, et avec l'avantage d'un commandement d'altitude, les six ouvrages qui constituent la défense terrestre de Cherbourg et la nuit du 25 au 26 est tout entière employée à construire des épaulements très épais, destinés à protéger les pièces anglaises.

A peine l'aube est-elle parue que les douze pièces de la batterie des Rouges-Terres et les six pièces de la batterie du hameau Quevillon, qui, seules, sont achevées et en état de commencer la lutte, ouvrent leur feu convergent sur le fort du Roule.

Les autres batteries, celles d'Hérouet, des Moitiers et de Bénécére, qui ne sont point encore terminées, restent masquées et les soldats d'infanterie, aidant les artilleurs, continuent de travailler à leur achèvement.

De temps en temps, la batterie des Rouges-Terres, que le feu du fort d'Octeville gêne en la prenant d'écharpe, lui envoie quelques projectiles ; mais quand, vers midi, la batterie d'Hérouet se démasque à son tour et ouvre le feu sur Octeville, ce fort, ayant alors assez d'y répondre, cesse de tirer sur Rouges-Terres dont tous les projectiles vont maintenant au Roule.

Vers deux heures, c'est la batterie de Bénécére qui, de ses douze pièces subitement démasquées, ouvre le feu sur les deux redoutes du Tôt et des Couplets. Une heure plus tard, la batterie des Moitiers, entrant à son tour dans la partie, se met à canonner les Fourches.

ce moment, quarante-huit pièces anglaises

tonnent à la fois et couvrent de leurs projectiles les ouvrages défensifs de Cherbourg qui répondent, ayant dans ce duel d'artillerie une infériorité de position très marquée, mais que compensent la supériorité du calibre et du nombre des pièces.

Pourtant le tir des Anglais, plongeant sur les ouvrages, a tous ses coups qui portent, tandis que les pièces françaises, placées en contre-bas, envoient en majeure partie leurs coups trop courts.

De tous les inconvénients dont souffrirent en 1870-71 la plupart des forts extérieurs de Paris, les forts de Cherbourg souffrent aujourd'hui. Le Roule, dont les terre-pleins ont une altitude 112 mètres, est presque impuissant contre la batterie des Rouges-Terres qui est à 148 mètres au-dessus du niveau de la mer ; la batterie de Bénécére, qui est à 98 mètres, domine ainsi de 20 mètres d'altitude la redoute des Couplets située à 78 mètres ; la batterie des Moitiers, à 96 mètres, commande de 17 mètres la redoute du Tôt ; la batterie d'Hérouet, située à 152 mètres, domine les Fourches de 92 mètres et le fort d'Octeville de 34 mètres.

La situation des ouvrages défensifs de Cherbourg à l'égard des batteries anglaises en 1890 est absolument la même que celle des forts de

Vanves et d'Issy à l'égard de la batterie allemande de Chatillon en 1870 et, dans les deux cas, les obus ennemis arrivent en plongeant par-dessus les parapets et rendent le séjour des batteries, sinon intenable, tout au moins fort dangereux, dans les forts français.

Les pièces anglaises tirent sans relâche, à coups précipités et portant presque tous, et leur feu cause chez nos artilleurs des pertes très sensibles. Nos pièces ripostent de leur mieux en réglant autant que possible leur tir, mais la différence d'altitude les gêne énormément et beaucoup de leurs coups restent trop courts et labourent la terre un peu en avant et au-dessous des batteries anglaises.

La journée du 26 se passe ainsi à un échange de coups de canons presque ininterrompu. Le matin du 27, lorsque les batteries anglaises ouvrent le feu, elles ont été renforcées, non seulement quant au nombre des pièces, mais aussi quant au calibre, et nos artilleurs ne tardent pas à s'en apercevoir par l'effet plus meurtrier que produit leur tir dans nos batteries; les officiers qui commandent la défense estiment que c'est maintenant non plus 48 pièces anglaises qui sont en batterie, mais au moins 70 à 75, dont une trentaine de gros calibre.

Non seulement le nombre des pièces est

augmenté, mais leur feu est de plus en plus rapide, et il est facile à deviner que les Anglais vont tenter un coup de force; aussi le commandant de la défense envoie-t-il dans tous les forts l'ordre de redoubler de surveillance afin de parer à toute surprise.

Cependant la journée s'est écoulée sans rien amener de nouveau et pourtant la canonnade ne se ralentit pas. La nuit vient, et les pièces anglaises continuent de faire rage : la batterie des Rouges-Terres, à elle seule, envoie une moyenne d'un projectile toutes les cinq secondes au fort du Roule.

Soudain, à 11 heures du soir, le feu de cette batterie s'éteint subitement : vainement le Roule, dirigeant sur elle un jet de lumière électrique, continue à lui envoyer ses projectiles, la batterie anglaise ne répond pas, il semble que tout le monde y soit mort.

Les officiers français de la garnison du Roule commencent à craindre que ce soudain mutisme cache quelque piège et se livrent déjà à toutes sortes de conjectures quand, tout à coup, une secousse effroyable ébranle le terrain sous leurs pieds, une gerbe fulgurante s'élève et une pluie de terre et de pierres lui succède.

Une large brèche vient d'être ouverte à la face sud du fort par une énorme pétard de

dynamite et, des bois qui avoisinent le fort
au sud et à l'est, une immense clameur
répond à la détonation dont l'air vibre encore.
Trois régiments arrivés dans la nuit précédente et qui n'ont encore pris part à aucun
engagement, se sont approchés à la faveur des
ténèbres, et les voilà qui s'élancent sur le fort
à demi ruiné, au flanc duquel la brèche est
ouverte.

Ce sont le Yorkshire, le Cumberland et le
Derbyshire qui, formés en colonne dans cet
ordre, montent à l'assaut du fort défendu par
les deux bataillons qui restent des fusiliers
marins. Le combat s'engage dans la nuit.

Mais en même temps, le 2ᵉ régiment de
Highlanders a quitté la position des Rouges-
Terres et, rejoignant le régiment de Grenadiers, s'est avancé vers les Fourches, que le
tir de la batterie d'Hérouet a fortement endommagé; ils l'attaquent au moment même
où l'explosion se produit au Roule et n'y
rencontrent qu'un bataillon et demi d'infanterie de marine.

Des deux côtés, aux Fourches comme au
Roule, la lutte est d'une effroyable âpreté et
le nombre des assaillants est si grand comparativement à celui des défenseurs que, fatalement, quelle que soit la bravoure de ceux-ci,
ce seront assurément eux qui succomberont.

Les fusiliers marins à peine remis des fatigues des jours précédents se battent comme des lions, mais ils sont deux contre neuf et leurs assaillants n'ont encore pris part à aucun engagement. Le général essaie de porter secours au fort attaqué au moyen des deux bataillons territoriaux qu'il a gardés comme réserve, mais c'est en vain; il est rejeté dans la ville et, bientôt, il y est rejoint par les fusiliers marins qui n'ont pas été, comme leurs camarades, tués, blessés ou faits prisonniers dans ce fort que tous ont défendu avec la plus courageuse opiniâtreté et qu'ils n'ont quitté qu'à regret quand ils ont vu que tous leurs efforts seraient inutiles.

Le combat, dans le fort du Roule, n'a duré qu'à peine deux heures, et, demain matin, le drapeau anglais y sera hissé: il en projettera son orgueilleuse ombre sur la ville.

Au fort des Fourches, les choses se sont passées à peu près de même; quelque héroïques qu'aient été les efforts des fantassins de marine, ces soldats de fer ont dû subir la loi du plus fort et, quand la mort n'a plus voulu de ce qui restait d'eux, les plus valides ont dû abandonner à la fois, et l'espoir de vaincre et le désir de mourir et, pour pouvoir, un jour, venger l'affront intérieur que a fuite leur infligeait, il leur a pourtant fallu subir la fuite. Des quinze cents hommes qui formaient la garnison du fort des Fourches, c'est à peine s'il en est rentré le quart dans la ville ; quant aux autres, ils s'étaient fait tuer.

Tout effort de reprise était désormais interdit aux défenseurs de Cherbourg, ils ne pouvaient que résister et chercher à se maintenir dans les ouvrages qu'ils possédaient, mais cette résistance et cette tentative étaient-elles encore bien précaires, car il était évident que les Anglais allaient sans tarder se servir du fort du Roule et du fort des Fourches pour bombarder et la ville et le port militaire.

En effet, le lendemain 28 avril, à midi, le Roule, sur lequel flottait le drapeau de la Reine, envoyait par-dessus la ville un premier projectile qui allait tomber à l'entrée de l'arsenal sur la petite place qui s'étend entre la Majorité générale et le Bureau des Revues. Celui-là fut suivi de bien d'autres et le fort des Fourches, se mettant de la partie commença à tirer alternativement sur la ville, sur la redoute du Tôt et sur le fort d'Octeville.

Cependant, les premières batteries anglaises n'avaient pas pour cela cessé de tirer et, maintenant, Octeville était battu à la fois par Rouges-Terres et par Hérouet, tandis que la batterie des Moitiers concentrait tout son feu sur la redoute du Tôt: Bénécère, d'ailleurs, continuait à répartir ses projectiles entre le Fortin et la redoute des Couplets.

Dans une telle situation, il était évident qu'aucun des ouvrages avancés ne pourrait tenir bien longtemps et que tous devraient succomber sous le bombardement et l'assaut final. Les Anglais disposaient de neuf régiments d'infanterie et l'on pouvait s'attendre d'un moment à l'autre à les voir diriger une attaque de vive force contre la ville ou contre l'un des forts commandant la rade: dans cet ordre d'idées, le fort des Flamands était assurément le plus exposé.

Le 29 avril, deux bataillons du Lancashire, deux bataillons du Northumberland, deux bataillons du 1ᵉʳ Highlanders soutenus par les trois bataillons du Devonshire, formant un ensemble de neuf bataillons, se lancèrent à l'assaut du fort d'Octeville, défendu par deux bataillons d'infanterie de marine, et l'emportèrent après un combat acharné qui, commencé à 11 heures du matin, ne se termina qu'à la nuit noire.

Le 1ᵉʳ mai, ce fut le tour de la redoute du Tôt; mais, en même temps que les Anglais l'attaquaient, leurs régiments de Derbyshire et de Cumberland, accompagnés et éclairés par trois escadrons de dragons, et appuyés par deux batteries d'artillerie, se présentaient à Tourlaville venant de l'est et pénétraient en refoulant devant eux les troupes (environ trois bataillons) que le général de brigade, commandant d'armes, avait portées à leur rencontre, jusqu'à ce faubourg de la ville qu'on appelle le *Val de Serre*.

Au Val de Serre, comme à la redoute du Tôt, comme aux Amériaux, comme partout, nos malheureux soldats firent d'inutiles prodiges de valeur et là comme ailleurs le nombre leur imposa ou la reddition ou la retraite et, ne voulant ni l'une ni l'autre ils préférèrent la mort.

De toute la défense terrestre de Cherbourg, il ne restait plus que le Fortin de l'ouest et la redoute des Couplets; ces deux ouvrages succombèrent dans la soirée et les Anglais purent dès lors porter toutes leurs forces sur le Val de Serre et le fort de Querqueville. La prise de cet ouvrage devait être la suite logique du mouvement envahissant opéré de l'est à l'ouest, quant aux ouvrages de la rade et à l'arsenal, c'était un bombardement ininterrompu qui les ferait capituler.

Dans la nuit du 1er au 2 mai, une escadre nombreuse fut signalée par le fort central de la Digue, croisant au large. C'était une division de la flotte anglaise venant appuyer par un effort du côté de la mer les efforts qu'allaient tenter les troupes du côté de la terre.

Le 2 mai, dès que le jour se leva, la canonnade commença, générale, et la ligne des ouvrages maritimes depuis Querqueville jusqu'à la batterie des Grèves eut à essuyer les feux venant des ouvrages terrestres et ceux venant de la flotte croisant au large.

La défense mobile intervint, et lança contre la flotte anglaise les quelques torpilleurs qu'elle avait à sa disposition, mais l'escadre britannique était largement pourvue des siens : les cuirassés avaient, en outre, mouillé leurs filets Bullivan et, spectateurs impassibles, ils assistèrent à la chasse sans résultat que se donnèrent mutuellement les torpilleurs anglais et français luttant de vitesse pour s'approcher ou se fuir et se tromper.

La situation du fort de Querqueville, cependant, devenait de plus en plus critique.

En effet, la batterie que les Anglais avaient, au début de leurs opérations de siège, établie à Bénécère pour canonner les Couplets et le Fortin s'était, depuis la prise de ces deux ouvrages, tournée contre lui et, à trois kilomètres, le bombardait par sa gorge, c'est-à-dire par son côté le plus faible : le Fortin et la redoute des Couplets le prenaient d'enfilade par la droite, tandis que deux cuirassés anglais mouillés en arrière du plateau de Nacqueville.

après avoir, au préalable, fait taire par une canonnade violente et bien dirigée la batterie de la Pointe, l'enfilaient par la gauche; le fort recevait, en outre, du large, des projectiles que l'escadre anglaise lui envoyait en pleines faces de ses ouvrages.

Le fort de l'île Chavagnac était un peu moins malmené, mais souffrait cependant beaucoup, exposé qu'il était, en outre, aux feux plongeants du fort du Roule.

Déjà le fort des Flamands avait dû essuyer deux attaques de vive force du côté de la terre et, s'il avait pu les repousser, il devenait de plus en plus évident qu'il n'en pourrait probablement pas agir de même avec une troisième.

Bref, Cherbourg semblait irrémédiablement perdu pour la France, quand un événement d'ordre politique vint débarrasser la République de ses ennemis de l'est et lui permettre d'employer toutes ses forces contre son ennemie de l'ouest, contre cette Angleterre d'autant plus arrogante, d'autant plus pleine de morgue qu'elle était momentanément victorieuse.

CHAPITRE VIII

L'ÉPÉE DE PIERRE LE GRAND

Lorsque, après l'avènement au trône du Tzar Alexandre III, la Russie se sépara de l'alliance austro-allemande et se confina dans un isolement fort désagréable à M. de Bismarck, quelques esprits, beaucoup trop superficiels, attribuèrent cette rupture, fort courtoise d'ailleurs, aux sentiments personnels que nourrissait le fils d'Alexandre II à l'égard de l'Allemagne et qu'il avait précédemment manifestés de la façon la plus claire dans maintes circonstances.

Certains prétendirent même qu'en agissant comme il l'avait fait, tant avant qu'après son accession au trône des Romanoff, Alexandre III cédait aux instigations de la Tzarine, fille du roi Christian de Danemark, et que le souvenir de la spoliation du Danemark par la Prusse, lors de la guerre du Schleswig-Holstein, était la raison déterminante de la conduite du Tzar, héritier des rancunes de son beau-père.

D'autres affirmèrent, avec plus de raison, que le souverain moscovite subissait l'influence de son maître et ami Kattkoff, et qu'en se retirant de cette alliance où son auguste père avait engagé la Russie, il voulait simplement rendre à son pays son libre arbitre politique, et donner ainsi à la Russie le rôle prépondérant auquel elle a droit, tant par sa puissance militaire que par le nombre de sa population.

Tous ne cherchaient à cette attitude nouvelle de la Russie que des raisons de pure, de très pure sentimentalité.

Il est indéniable que toutes les sympathies françaises se tournèrent du côté de Pétersbourg quand on vit le jeune monarque dénouer les liens qui attachaient la Russie à l'Allemagne ; des marques non équivoques de ces sympathies furent, en maintes circonstances, prodiguées par la France à la nation slave et trouvèrent chez les Russes un vif écho.

Les deux races ont d'ailleurs entre elles de nombreuses et puissantes affinités de caractère et de sentiments, elles ont même une presque communauté d'origines qui entraîne les uns vers les autres les slaves, peuples indo-européens, types très purs de la race caucasique, et les Français, issus des races aryennes.

La diffusion de la littérature russe en France par la publication de traductions ou d'adap-

tations des œuvres de Tolstoï, de Dostoïewski
et de quelques autres écrivains slaves et l'accueil enthousiaste qui fut fait chez nous à ces
œuvres généralement puissantes, n'ont certainement pas peu contribué à développer, en
nous faisant mieux connaître la Russie, le courant de sympathies qui s'en allait des bords
de la Seine à ceux de la Néva, de même que
la reconnaissance que conçurent les Russes
de cet accueil fait en France à leurs écrivains
augmenta l'intensité du courant des sympathies francophiles en Russie.

Cependant, il ne faudrait pas s'y tromper,
ce ne peut être à ces raisons tirées de la sentimentalité qu'on doit attribuer la propension
à l'amitié qu'éprouvent l'une pour l'autre les
deux nations slave et française ; en dehors
et au-dessus du courant sentimental de peuple
à peuple, il y a le courant autrement important et autrement puissant de nationalité à
nationalité, courant tout politique d'ailleurs.

Les sympathies de peuple à peuple basées
sur la sentimentalité pure, sont d'une fragilité
toute cristalline ; il suffit d'un heurt, d'un léger
choc pour les briser et, si le courant portant
l'une vers l'autre la Russie et la France était
né et s'était développé sur ce seul terrain, le
canon de Sagallo eût pu les rompre et les
quelques gouttes de sang russe de la *mission*(?)

Atchinoff eussent pu devenir un fleuve séparant à tout jamais les Russes des Français.

Mais le courant qui prend naissance dans les intérêts communs, ou seulement connexes, des deux peuples est, nous venons de le dire, autrement puissant, et les liens qui en résultent autrement solides : il ne suffit pas, pour détourner ce courant ou rompre ces liens, d'une affaire aussi peu importante en elle-même que l'incident Atchinoff.

Voilà pourquoi, quand M. de Bismarck avait espéré que le bombardement de Sagallo pourrait avoir de grosses conséquences dont bénéficierait sa politique, il s'était grossièrement trompé et la joie qu'il en manifesta à quelques confidents intimes, et qui eut aussitôt son écho dans les journaux qu'il inspire, dut être de durée bien éphémère.

De même que le commerce international ne se fait pas avec des sentiments, mais, bien au contraire, seulement avec des chiffres, de même la politique internationale se fait avec des intérêts, et seulement des intérêts. Si les sentiments y interviennent ou y paraissent, ils n'y ont jamais qu'un rôle de second ou de troisième plan : les sentiments peuvent être et sont souvent les corollaires de la conduite politique adoptée par un gouvernement envers un autre, ils n'en sauraient jamais être la raison initiale ou la cause déterminante et ce rôle appartient toujours aux seuls intérêts.

Une nation, quelle qu'elle soit et si généreux que puisse être son caractère ou son tempérament, n'agit jamais que quand et comment ses intérêts la poussent et la guident, et ce sont ses seuls intérêts qui lui font contracter une alliance ou entreprendre une conquête.

Sont-ce des sentiments qui ont fait s'allier les vaincus avec leurs vainqueurs de Sadowa.

Est-ce par sentimentalité que l'Italie s'est jetée dans les bras de l'Autriche et de l'Allemagne ?

A qui le ferait-on croire ?

A qui ferait-on croire que c'est par pure sentimentalité que l'Angleterre s'est, de sa propre initiative, chargée de pacifier l'Égypte à la suite de la révolte d'Arabi-Pacha en 1882 ?

Qui donc croirait que c'est une question de sentiment qui a conduit la France en Tunisie et au Tonkin ?

Qui donc croirait que c'est par pure bénévolence et seulement pour ramener la paix parmi les peuplades abyssines que M. Crispi a mené ses compatriotes à Massaouah ?

Qui donc croirait que c'est le seul amour de l'humanité et l'horreur de l'anthropophagie qui fait aller l'Allemagne à Zanzibar et sur la côte occidentale de l'Afrique ?

Pure billevesées que tout cela! Le XIXᵉ siècle est trop positif, il est trop le siècle de l'argent pour que les sentiments y servent de guide au moindre des actes d'une nation, n'importe laquelle.

Si le Tzar Alexandre III s'était retiré de la triple alliance fondée autrefois par les soins de *l'honnête courtier* de la Whilhelmstrasse à laquelle son père avait bénévolement accédé, c'était, avons-nous dit plus haut, pour pratiquer la *politique des mains libres*. Or, cette politique est essentiellement une politique d'intérêt puisqu'elle est la seule qui puisse permettre tout son essor au panslavisme.

La race slave, répandue en Russie, dans tout l'ancien royaume de Pologne, en Hongrie, en Turquie et dans tous les Etats Balkaniques compte environ cent millions d'individus, soumis à des gouvernements très divers, soit le tiers à peu près de la population totale de l'Europe. En effet, l'empereur d'Allemagne et roi de Prusse, l'empereur et roi d'Autriche-Hongrie, le sultan, le roi de Roumanie, le roi de Serbie et le prince de Bulgarie, comptent des slaves au nombre de leurs sujets.

Le panslavisme est une doctrine, autant religieuse que politique, qui tend à nationaliser la race, à réunir, non seulement tous les citoyens d'origine slave des différents États de l'Europe actuelle, mais aussi tous les adeptes de la religion orthodoxe, en un seul peuple qui aurait son empereur et pape à Constantinople où il relèverait le trône de l'empire d'Orient.

Dans l'esprit des hommes en qui s'incarne le panslavisme, l'absorption par la Russie de toutes les populations slaves doit se faire lentement, pacifiquement, mais continuellement : de telle sorte, que le pangermanisme qu'on essaie d'opposer au panslavisme ne sera qu'un obstacle dérisoire que la progression moscovite surmontera ou brisera.

Cependant, pour que le panslavisme puisse accomplir cette révolution et amener sous l'hégémonie de la Russie des peuples qui sont aujourd'hui si profondément séparés au point de vue politique et n'ont entre eux qu'un lien ethnique, il est nécessaire que la puissance russe ne soit pas contre-balancée en Asie, par l'Angleterre cherchant à étendre son empire des Indes, en Europe par l'Allemagne cherchant à s'étendre, sous l'hégémonie de la Prusse, au détriment des États voisins.

Dans cet ordre d'idées, la Prusse avait atteint, au point de vue slave, le *summum* possible de sa puissance après Sadowa : le tzar Alexandre II, non guidé, comme son fils, par les idées panslavistes, commit une très grande faute en laissant se reconstituer en 1870-71, au profit du roi de Prusse, cet empire d'Allemagne que l'abdication de François II d'Autriche avait détruit en 1806, et en laissant amoindrir la France ; ce serait une faute encore plus grave et peut-être mortelle pour le panslavisme que de laisser de nouveau amoindrir la France, soit par l'Allemagne, ennemie du panslavisme en Europe, soit par l'Angleterre, ennemie de la Russie dans l'Asie centrale.

L'existence et la puissance de la Russie sont aussi nécessaires à la sécurité de la France que l'existence et la puissance de la France sont utiles à la sécurité de la Russie, au développement normal et régulier du panslavisme et à son triomphe final et fatal.

La France aryenne à l'Occident et la Russie slave à l'Orient sont les deux grands contre-poids qui, seuls, peuvent empêcher les peuples d'origine germanique de détruire à leur profit l'équilibre politique de l'Europe, et c'est dans ce contre-balancement nécessaire de l'influence et de la puissance allemande que les sympathies réciproques de la Russie et de la France ont pris naissance bien plus que dans la pure sentimentalité. Ces sympathies se sont ensuite développées et ont atteint le maximum d'intensité que nous leur avons vu atteindre en mars 1889, lorsque l'incident de Sagallo ne fit naître entre les deux pays qu'un nuage si léger qu'il fut aussitôt dissipé que formé.

Du jour où l'un des deux contrepoids de cet équilibre de l'Europe viendrait à être détruit ou seulement annihilé pour un temps même très court, l'équilibre se romprait instantanément. Du jour où la France serait anéantie par la coalisation des puissances centrales et de l'Angleterre, la Russie pourrait s'attendre à voir la Quadruple Alliance attaquer, soit par les armes, soit par la voie diplomatique, sa puissance en Europe et, tout d'abord, lui barrer la route de Constantinople, pendant que l'Angleterre reprendrait sa marche envahissante dans l'Asie centrale et menacerait les frontières méridionales de la Russie d'Asie. De même que le jour où la coalition de l'Angleterre et des puissances centrales aurait amené la décadence politique et militaire ou, seulement, l'impuissance momentanée de la Russie, la France pourrait s'attendre, dans un très bref délai, à voir commencer sa ruine définitive.

Tant que les alliances recherchées et établies par l'Allemagne n'avaient pas paru avoir d'autre but que celui avoué du maintien de la paix en Europe, la Russie, intéressée à ce que le *statu quo* fût maintenu et qu'aucune puissance ne s'y agrandît aux dépens d'une autre, n'avait rien dit et avait laissé agir M. de Bismarck, se tenant à l'écart et se réservant d'intervenir de la façon la plus efficace le jour où ses propres intérêts seraient mis en jeu soit d'une façon directe, soit même d'une façon indirecte.

Mais le moment était venu pour la Russie d'entrer en scène et de s'opposer à l'exécution de la ruine systématique de la France par la Quadruple Alliance, car cette ruine allait grandement compromettre les intérêts slaves en détruisant l'équilibre précaire, mais suffisant, qui s'était établi depuis 1871.

La duplicité de M. de Bismarck prétendant rechercher des alliances pour maintenir la paix que la France cherchait, disait-il, à troubler et ne visant réellement qu'une guerre à faire naître par d'odieuses provocations, cette duplicité éclatait aux yeux des plus optimistes et des plus germanophiles des diplomates russes.

L'action s'imposait à la Russie.

La Russie n'hésita pas un seul instant.

Elle avait assisté avec une apparente impassibilité aux divers incidents qui s'était déroulés jusqu'au 23 avril, mais pourtant les hautes sphères gouvernementales s'étaient émues à juste raison de l'imminence d'une guerre dans l'ouest de l'Europe. La chancellerie russe avait senti combien les intérêts russes allaient se trouver engagés dans le conflit, bien qu'ils n'y fussent point directement mêlés, et le gouvernement du Tzar avait pris en sous-main toutes les mesures que commandait la situation.

Le séjour des provinces occidentales de la Russie ayant été depuis longtemps, par des ukases successifs, interdit aux citoyens allemands, l'empire se trouvait ainsi garanti contre l'espionnage des sujets de Guillaume II, et l'autorité militaire avait pu, sans que la nouvelle en transpirât à l'étranger, concentrer de nombreuses troupes dans les gouvernements frontières. D'ailleurs, depuis quelques années, la Russie dégarnissant les villes de l'intérieur avait, pour être prête à tout événement, renforcé dans de très larges proportions les garnisons échelonnées sur les frontières de Prusse et d'Autriche ; c'est ainsi que, notamment, les troupes stationnées en Pologne, dans le gouvernement de Podolie et dans celui de Volhinie avaient été complétées progressivement jusqu'à leur effectif de guerre.

Le gouvernement Austro-Hongrois que ces dispositions menaçaient tout particulièrement avait bien alors protesté contre les mesures militaires de la Russie, mais c'avait été en vain, la chancellerie russe avait fait la sourde oreille et le gouvernement du Tzar n'en avait pas moins continué le renforcement des garnisons de la frontière.

Il n'y eut donc, en somme, au mois d'avril, que des mouvements de troupes relativement restreints et le secret fut si bien gardé, la surveillance de l'espionnage austro-allemand fut si étroite que, ni l'Allemagne, ni l'Autriche n'en conçurent même le plus simple soupçon.

M. de Bismarck, si fin d'ordinaire, était tombé dans le piège et, pris d'une joie exultante, il se frottait les mains en voyant que « l'ours du Nord » ne sortait pas de son sommeil.

Sa surprise fut donc bien grande lorsque, le 27 avril, il reçut une dépêche de l'ambassadeur d'Allemagne à Saint-Pétersbourg lui rapportant une conversation qu'il venait d'avoir avec le chancelier du Tzar et au cours de laquelle celui-ci lui ayant demandé tout d'abord :

— Comptez-vous aller jusqu'à Paris?... avait ajouté :

— Croyez-vous que nous vous y laisserons aller?

Il n'était pas revenu de sa surprise et de la
colère qui l'avait immédiatement suivie quand
le comte Herbert de Bismarck, son fils, ministre des affaires étrangères de l'empire, se
fit annoncer chez lui et vint lui donner communication d'une note que l'ambassadeur de
Russie venait de lui remettre à l'instant.

Non seulement la Russie ne se se désinté-
ressait pas des événements de l'Occident, mais
elle proposait son arbitrage pour terminer le
différend entre l'Allemagne et la France et
portait à la connaissance du gouvernement
allemand que la même offre des bons offices
de la Russie avait été faite au gouvernement
britannique.

Le gouvernement impérial d'Allemagne
n'avait pas à en douter, sous des apparences
très conciliantes, l'offre de la Russie cachait
un *ultimatum*, en ce qu'elle signifiait très
clairement que le gouvernement du Tzar ne
voulait pas que l'œuvre entreprise par la coalisation contre la France fut continuée.

A la note russe, le gouvernement allemand
répondit en arguant que l'Allemagne avait
accepté de négocier par voie diplomatique
pour arriver à liquider au mieux et au plus
vite l'incident de Pagny-sur-Moselle, mais
que la France n'avait répondu aux offres conciliantes qui lui avaient été faites qu'en don-

nant l'ordre de mobiliser toute son armée, et que, par conséquent, les mesures militaires prises par l'Allemagne et les puissances alliées n'étaient réellement qu'un acte de légitime défense.

L'Angleterre fit une réponse à peu près semblable dans laquelle, elle aussi, revendiquait le bénéfice de la légitime défense, et faisait, en outre, un long, mais fantaisiste historique de la question pendante entre elle et la France.

Ces deux réponses ne parvinrent à Pétersbourg que le 1er mai et furent fort mal accueillies par la diplomatie russe qui n'y vit que des moyens purement et simplement dilatoires et estima que les notes circulaires du gouvernement allemand en date du 10 et du gouvernement français en date du 12 avril éclairaient suffisamment sa religion.

Une nouvelle note conçue dans des termes plus pressants et plus énergiques fut envoyée le 2 mai aux cabinets de Londres et de Berlin dans laquelle le gouvernement du Tzar signifiait nettement sa volonté de ne pas permettre que la guerre fût continuée par l'Angleterre ou entreprise par l'Allemagne contre la France, et offrait de nouveau son arbitrage.

Naturellement, ces notes avaient été également communiquées au gouvernement français intéressé à la proposition d'arbitrage et notre ministre des affaires étrangères avait déclaré très nettement à l'ambassadeur de Russie que la France, injustement provoquée et attaquée, était prête à se défendre par les armes, mais que, cependant, la République Française était prête également et serait même heureuse de se soumettre à la décision arbitrale de Sa Majesté le Tzar.

Bien que ce très important incident n'eût pas été officiellement communiqué à la presse, le bruit n'avait pas tardé à s'en répandre, tous les journaux de Paris avaient publié le fait d'après, disaient-ils, *des informations puisées aux meilleures sources*, et la nouvelle avait jeté, dès qu'on l'avait connue, une vive lueur d'espérance dans le pays.

Une manifestation patriotique se produisit même le 3 mai à Paris et, composée en immense majorité de vieillards et de femmes dont les fils, les maris ou les frères avaient rejoint leurs régiments, une longue procession alla acclamer le drapeau russe flottant à la porte de l'ambassade et joncher de fleurs le trottoir de la rue de Grenelle.

L'ambassadeur rentra à ce moment; quelqu'un le reconnut, la population parisienne lui fit aussitôt une chaude ovation, les chevaux de sa voiture furent dételés par la foule et

14.

des vieillards aux cheveux blancs traînèrent la voiture jusque dans la cour de l'hôtel.

Les nouvelles reçues pendant ces derniers jours avaient surexcité la population et, tandis que cette manifestation sympathique se produisait rue de Grenelle, une manifestation d'un tout autre caractère se produisait devant l'ambassade d'Angleterre où la population laissait exploser sa colère et sa haine, et où l'on ne parlait de rien moins que d'incendier l'hôtel dont le fronton de la porte étale l'écusson anglais avec la devise : *Dieu et mon droit.*

Il semblait surtout que la deuxième partie de cette devise, orgueilleusement gravée dans la pierre de l'édifice, fût une nouvelle provocation à la fierté de la nation dont l'Angleterre violait tous les droits en même temps que le territoire.

Le gouvernement russe laissa s'écouler les journées des 3 et 4 mai en attendant la réponse des deux gouvernements à qui sa note avait été envoyée; mais quand le Tzar fut bien convaincu que l'Angleterre et l'Allemagne opposaient aux propositions russes le mutisme le plus obstiné, il donna des ordres en conséquence et le 5 mai ses ambassadeurs à Berlin, à Vienne, à Londres et à Rome, après avoir fait une dernière et infructueuse démarche

auprès des gouvernements de ces capitales,
déclarèrent que, à dater du lendemain, la
Russie, estimant que le silence opposé à son
offre d'arbitrage était injurieux pour la personne du Tzar, se considérerait comme étant
en état de guerre avec les puissances composant la Quadruple Alliance et prendrait toutes
les mesures que lui commandait sa situation
vis-à-vis de nations dont les armées avaient
été mises sur le pied de guerre. Puis, s'étant
fait délivrer aussitôt leurs passeports, ils
quittèrent le soir même leurs résidences.

Le lendemain 6 mai, dès six heures du matin, les têtes de colonnes de l'armée russe se
présentaient sur les frontières orientales de
la Prusse et de l'Autriche et les franchissaient
aussitôt, menaçant Konigsberg, Bromberg,
Posen et Breslau en Prusse, Cracovie et Lemberg en Gallicie (Autriche) et Klausenburg
en Transylvanie.

L'attitude énergique de la Russie donna
de suite à réfléchir au gouvernement allemand. Il était évident que, prise entre deux
feux par les armées russe et française, l'armée allemande serait battue par le nombre;
et la marche en avant de l'armée française
était imminente, car une note diplomatique
en date du 3 mai, adressée au gouvernement
allemand l'avait, sur un ton fort pressant et

ne laissant aucun doute sur les intentions belliqueuses ultérieures de la France, mis en demeure de remettre immédiatement les fonctionnaires français arrêtés le 5 avril et illégalement détenus depuis près d'un mois.

D'un autre côté, il était à redouter que l'action russe contre l'Autriche, frappant d'abord les populations de la monarchie austro-hongroise les plus hostiles à l'Allemagne, n'amenât chez les Tchèques et chez les Hongrois un mécontentement plus vif, une surexcitation germanophobe pouvant se traduire par des soulèvements contre le gouvernement germanophile de François-Joseph, cause première par son alliance avec l'Allemagne des malheurs que l'invasion pouvait attirer sur cette partie de la nation. Il était à craindre que le slavisme de ces populations ne se réveillât avec un éclat capable d'ébranler le trône des Habsbourg.

N'était-il pas à redouter aussi que des tendances séparatistes se manifestassent plus violentes en Italie et que la péninsule autrefois morcelée en une foule de petits Etats, ne se disloquât devant la menace d'une invasion française et l'apparition de la flotte russe sur ses côtes encore insuffisamment défendues.

M. de Bismarck dut alors envisager toutes ces hypothèses. Il comprit l'inanité des efforts

qu'il avait faits depuis dix ans et vit clairement que le grand échafaudage qu'il avait
construit en assemblant des matériaux disparates qu'il boulonnait entre eux au moyen de
ses seules ruses ne jouissait que d'une solidité
bien précaire puisqu'un simple grognement
de « *l'ours du Nord* », montrant ses dents,
pouvait suffire à tout renverser.

Cependant, il ne voulut pas paraître céder
trop vite et, en réponse à la note française du
3 mai, il fit connaître le 6 à notre gouvernement que l'enquête allemande sur l'incident du
5 avril n'était point encore complètement terminée et que le gouvernement impérial était
tout prêt à remettre nos fonctionnaires en liberté, dès qu'il serait certain que l'arrestation
avait réellement un caractère d'illégalité.

Ainsi la politique vraiment slave, la politique d'intérêts, avait triomphé en Russie de
toutes les hésitations du vieux parti officiel
très porté vers les Allemands et, si le gouvernement russe avait encore hésité à conclure un
pacte offensif et défensif avec une république,
il n'en était pas moins vrai que l'offre d'arbitrage faite, puis imposée sous menace de guerre,
aux gouvernements de la Quadruple Alliance
était un premier pas vers la conclusion de ce
pacte ; à cette avance très ouverte, le gouvernement français n'avait qu'à répondre par une

autre avance pour que l'alliance franco-slave
fût chose faite.

Notre ministre des affaires étrangères eut
donc le devoir d'offrir à la Russie d'établir un
concert entre les deux gouvernements afin que
les actions de l'un et de l'autre conservassent
entre elles un parallélisme rigoureux qui rendrait plus facile l'atteinte du but commun.

L'ambassadeur à Paris répondit qu'il ferait
part à son gouvernement des dires de notre
ministre et que, sans pouvoir d'ores et déjà
rien affirmer, il pensait que l'offre d'un concert du gouvernement français aurait toute
l'attention du Tzar lui-même.

Devant un accueil semblable de ses propositions, le gouvernement n'avait plus à hésiter et,
le jour même, le ministre envoyait à notre ambassadeur à Pétersbourg, pour en donner communication au gouvernement impérial, le texte
de *l'ultimatum* par lequel le gouvernement
français répondait à la note allemande du
6 mai.

Dans ce document, le ministre français déclarait que : peu importait à la France que l'enquête allemande fût ou ne fût pas terminée
alors que l'incident qui y avait donné lieu s'é-
tait produit depuis plus d'un mois, que l'enquête française était close depuis plus de
quinze jours et que les pièces qui en consti-

tuaient le dossier avaient été remises au gouvernement allemand par l'ambassadeur de la
République dès le 22 avril, que la religion du
gouvernement allemand avait donc eu largement le temps de se faire et de s'éclairer, que
l'enquête française avait prouvé très clairement
que l'arrestation des fonctionnaires français
avait eu lieu à la suite d'un guet-apens parfaitement caractérisé et avait été opérée sur le
territoire français, que, des aveux mêmes de
l'auteur de l'attentat contre le poteau allemand,
il résultait que celui-ci avait été payé pour le
commettre par un individu qu'on avait tout lieu
de croire être un agent allemand et qui avait
disparu depuis lors, que le gouvernement impérial d'Allemagne, sous peine de violation du
droit des gens, devait donc remettre immédiatement en liberté les fonctionnaires arrêtés
depuis plus d'un mois.

A la suite de cette conclusion la note française se terminait sur ce dire que, faute par le
gouvernement impérial de donner à la France
dans les quarante-huit heures la satisfaction
à laquelle elle avait légitimement droit, le
gouvernement de la République Française se
verrait, quoiqu'à son grand regret, dans la nécessité d'en appeler à la force des armes.

Le gouvernement du Tzar fit sans tarder
connaître au gouvernement français l'appro-

bation pleine et entière qu'il donnait à cet *ultimatum*, qu'il allait d'ailleurs appuyer par une démonstration navale sur les côtes d'Italie et d'Angleterre et par un vif mouvement en avant de ses troupes en Gallicie et en Posnanie. L'ambassadeur de Russie fit en même temps savoir que l'opinion du gouvernement impérial de Pétersbourg sur la proposition de concert de la France étant que l'entente entre les deux pays dans le but d'une action parallèle devant forcer la Quadruple Alliance à désarmer s'imposait absolument, il recevrait avec plaisir communication des projets français et ferait part à notre gouvernement de tous les projets russes.

Devant cette assurance, le gouvernement français n'avait plus à hésiter, il pouvait retirer un ou deux corps d'armée de la frontière de l'Est pour les porter au secours de Cherbourg dont la situation devenait de plus en plus critique.

Nous avons laissé le récit des événements de la presqu'île du Cotentin au 2 mai, c'est-à-dire au moment où les ouvrages maritimes de Cherbourg résistaient seuls encore et avaient à lutter contre un bombardement venant à la fois de la terre et du large.

Depuis cette date du 2 mai le fort de Querqueville était devenu la cible des batteries anglaises établies à Bénécére, aux Couplets, au Fortin et au Roule. Dans la nuit du 5 au 6, il avait dû repousser un assaut donné par trois régiments anglais soutenus par une nombreuse artillerie, mais la lutte avait été effroyablement dure pour les défenseurs du fort, pauvres troupes déjà décimées et épuisés par les combats précédents et à qui nul repos n'avait été possible depuis que le bombardement sans répit, plus violent encore la nuit que le jour, faisait tomber sur le fort une véritable pluie de projectiles de tous calibres qui avait rendu les casemates et autres abris absolument intenables.

Traverses, parados, cavaliers, tout cela n'était plus qu'un amas informe de terre et de pierres que labouraient dans tous les sens les projectiles anglais. Après que l'assaut eut été repoussé, le feu des batteries anglaises redoubla, et il devenait de plus en plus évident que la garnison, non seulement ne pourrait pas tenir contre un nouvel assaut, mais encore qu'elle serait bientôt forcée d'évacuer un ouvrage démantelé dont toutes les pièces, désormais mal abritées, étaient démontées presque aussitôt que mises en batterie.

La situation n'était guère meilleure au fort des Flamands sur lequel les batteries anglaises du Roule tiraient à 2.700 mètres de distance avec un commandement de plus de 100 mètres centuplant la force d'écrasement des projectiles tombant sur les ciels des casemates.

Déjà, avant le 2 mai, les Flamands avaient eu à essuyer deux assauts. Si le fort avait pu les repousser, il devenait de jour en jour plus improbable qu'il ne résisterait pas à celui que les Anglais ne manqueraient pas de donner à bref délai.

Quand au port militaire, il était dans un état pitoyable ; les quais avaient été défoncés, labourés par les projectiles, deux ou trois des constructions de l'arsenal avaient déjà été la proie des flammes ; la caserne de l'infanterie de marine n'était plus qu'un monceau de ruines ; il en était à peu près de même de la caserne de l'artillerie de marine ; les cales de construction sur lesquelles se trouvaient plusieurs navires en chantiers avaient également eu beaucoup à souffrir ; plusieurs des bâtiments en réserve stationnés dans les bassins étaient maintenant hors d'état de prendre la mer.

En un mot, la situation était telle que, en admettant même que des troupes françaises pussent reprendre Cherbourg sans qu'elle se fût aggravée, tout, ou à peu près tout, se trouverait à refaire. Cependant, comme il était important de ne pas laisser aux Anglais le

temps de se fortifier dans nos anciennes positions, auquel cas la reprise serait rendue plus
difficile; le gouvernement, confiant dans l'aide
promise par le gouvernement russe, décida de
faire revenir le IIIe corps (Rouen) et le Xe corps
(Rennes) de leurs positions sur la frontière
d'Alsace et de les diriger en toute hâte sur la
presqu'île du Cotentin.

Cependant le gouvernement Russe, ainsi
qu'il l'avait annoncé au gouvernement français, avait donné l'ordre aux chefs des armées
de Posnanie et de Gallicie de se porter en avant
et avait avisé notre ministre des affaires étrangères que, le 9 mai, l'armée russe se présenterait à la fois devant Posen et devant Lemberg, et que la flotte russe de la Méditerranée,
jusqu'alors stationnée à Athènes, avait reçu
l'ordre de se rendre dans les eaux de Naples
et de commencer le bombardement de cette
ville, tandis que celle de la mer du Nord se rendrait sur la côte sud de l'Angleterre.

En réponse à cet avis, le gouvernement
français informa notre ambassadeur à Saint-
Pétersbourg qu'en même temps que l'armée et
la flotte russe feraient leur démonstration,
l'armée française entrerait en Alsace en même
temps par deux lignes différentes, l'une partant
de Nancy sur Strasbourg, et l'autre de Belfort
sur Mulhouse.

La journée du 8 mai fut, tout entière,
employée à de grands mouvements de troupes
sur la frontière, de façon, d'abord, à bien laisser
voir aux Allemands que la terminaison comminatoire de l'*ultimatum* remis le 7 n'était pas,
dans l'esprit de notre gouvernement, destinée
à rester lettre morte, et à mieux dissimuler le
départ des IIIe et X^e corps qui, ce jour-là,
devaient quitter leurs positions.

Les deux armées étaient donc, dans la matinée du 9, réunies, l'une en avant de Belfort
sous le canon des forts de Roppe, de la Justice,
des Hautes-Perches et des Basses-Perches, et
l'autre, au sud au fort de Malzéville, entre la
Seille et le canal de la Marne au Rhin. L'ordre
de marche était même donné pour midi quand,
vers 10 heures du matin, un parlementaire se
présenta aux avant-postes français établis en
avant de Pagny, précisément à l'endroit où
avaient été arrêtés, le 5 avril, le préfet de
Meurthe et Moselle, son secrétaire général et
le commissaire spécial de Pagny; il fut aussitôt conduit, avec les précautions usitées en
pareil cas, au commandant des avant-postes.
Il était porteur d'une lettre informant les autorités françaises que l'ordre de levée d'écrou
des trois fonctionnaires avait été transmis à
M. le Stathalter d'Alsace-Lorraine et que les
trois détenus seraient, dans la journée, recon-

duits à la frontière française et remis aux mains des autorités militaires priées, pour la circonstance, de vouloir bien s'y transporter.

Avis de cette communication fut aussitôt télégraphié à Nancy et à Belfort où il arriva juste à temps pour empêcher la marche en avant ordonnée pour midi, car déjà les troupes s'ébranlaient et prenaient leurs dispositions pour passer la frontière.

Vers 4 heures de l'après-midi, le même parlementaire se présenta de nouveau demandant simplement que l'officier chargé de recevoir le préfet et ses deux compagnons voulût bien se rendre aux avant-postes. Sur la réponse de l'officier commandant la grand'garde, qu'un général de division attendait depuis midi, le parlementaire allemand annonça qu'il ne précédait les prisonniers que de quelques centaines de mètres, et, en effet, à peine se fut-il éloigné que sur la route bordée de grands arbres, on vit s'avancer une troupe d'infanterie.

Le général commandant la première division du VI⁰ corps reçut les trois malheureux fonctionnaires rendus à la liberté et à leur pays, après trente-six jours d'illégale et criminelle détention.

Il avait suffi que l'ogre allemand et ses alliés vissent sortir l'épée de Pierre le Grand de son fourreau pour qu'ils oubliassent sur-le-champ et leurs convoitises et leurs appétits. La triple alliance était vaincue sans qu'un coup de fusil eût été tiré, et l'Angleterre allait bientôt sentir s'appesantir sur elle les légitimes haines que ses actes avaient soulevées.

CHAPITRE IX

REVANCHE!

Ainsi que nous l'avons dit au précédent chapitre, les III⁰ et X⁰ corps d'armée quittèrent leurs positions de la frontière de l'est dans la journée du 8 mai.

Afin de faire transporter les deux corps d'armée le plus rapidement possible, le ministre de la guerre donna l'ordre de leur faire rallier leur nouvelle base d'opération en répartissant les divisions sur les différentes lignes de chemins de fer aboutissant à la frontière.

Le III⁰ corps, dont les régiments étaient échelonnés sur les côtes de la Meuse entre Verdun et Toul, se rallia sur ses deux ailes et fit partir la 5⁰ division par Vitry-le-François et la ligne de Nancy à Paris pour, en passant par la grande ceinture, s'engager par Achères et Poissy sur la ligne de Cherbourg et rallier Carentan.

Pendant ce temps, la 6⁰ division qui devait,

elle aussi, se rendre à Carentan, se ralliait à Verdun et en partait par Sainte-Menehould, Reims, Soissons, Compiègne et Achères.

Le X corps qui s'était établi en deuxième ligne entre Vesoul et Besançon opéra de même ; ayant Coutances pour point de concentration, il fit partir la 19e division de Besançon sur Dôle et Dijon où, prenant la ligne de Paris-Lyon, elle devait passer à Villeneuve-Saint-Georges sur la grande ceinture et rejoindre à Versailles la ligne Paris-Granville qu'elle quitterait à Folligny pour se diriger sur Coutances.

La 20e division pendant ce temps se ralliant à Vesoul devait rejoindre Paris par la ligne Chaumont et Troyes, passer par la petite ceinture et, sans rompre charge, entrer sur la ligne de Granville où elle suivrait le même itinéraire que la 19e division.

Ces ingénieuses dispositions eurent pour premier résultat que les deux corps d'armée, ayant commencé leur embarquement dès l'aube, avaient complété leurs derniers trains avant midi, et qu'à cette heure tout le monde était en route.

Le lendemain, 9 mai, les deux premiers trains arrivaient presque simultanément à Carentan et à Folligny d'où, par ordre du ministre, on les faisait continuer respectivement sur Valognes et Bricquebec. D'heure en heure, les trains suivants arrivèrent, apportant à cette presqu'ile du Cotentin, effrayée par la présence de l'ennemi dont on entendait au loin gronder les canons. un peu de confiance et d'espoir dans les plis des drapeaux des régiments qu'ils débarquaient.

Les premiers convois amènent la 12ᵉ brigade (6ᵉ division, IIIᵉ corps) qui se porte aussitôt sur la route départementale et s'arrète à hauteur du gros village de *Brix*, puis c'est la 11ᵉ brigade (mème division) qui se place à *Saussemesnil* et au *Lieu des Amiots*. La 9ᵉ brigade (5ᵉ division. IIIᵉ corps) arrive à Valognes et. sur l'ordre du commandant de corps d'armée qui s'est assuré que la ligne est libre dans cette direction, continue sur *Quettehou* où elle quittera le chemin de fer pour aller occuper *Le Vast* et. de là. enverra son régiment de droite à *Saint-Pierre-Eglise* et son régiment de gauche à *Théville*. pendant que le bataillon de chasseurs à pied, dépassant *Saint-Pierre-Eglise*. remontera jusqu'à *Cosqueville* pour ensuite appuyer sa droite à la côte dans la marche sur Cherbourg.

A peine la 12ᵉ brigade avait-elle pris position à Brix que les éclaireurs détachés sur la gauche purent se mettre en contact avec ceux de la droite de la 37ᵉ brigade (19ᵉ division, Xᵉ corps), qui, débarquée à Bricquebec, s'avançait par *Quettetot* sur *Rauville-la-Bigot*, tandis que sa droite formée par le bataillon de chasseurs à pied s'avançait par *Saint-Martin-le-Hébert* vers le château de la Luthumière et la station de la Vallée.

Aussitôt après la 37ᵉ brigade, la 38ᵉ était débarquée à Bricquebec et s'était mise en marche immédiatement pour aller occuper le village de *Grosville*.

Ce ne fut que très tard dans l'après-midi que se termina le débarquement des troupes de la 20ᵉ division. La 40ᵉ brigade fut mise en route sans retard pour gagner la côte ouest, tandis que la 39ᵉ brigade, aussitôt débarquée, alla prendre son cantonnement à *Saint-Germain*.

Les divers mouvements ordonnés furent exécutés avec une précision et une rapidité de tous points remarquables, en sorte que, le soir du 9 mai, les deux corps d'armée, sans rencontrer un seul poste ennemi, se déployaient sur une ligne de près de 40 kilomètres ayant ses deux ailes appuyées à la côte, l'une au nord et l'autre à l'ouest. Ce front présentait une profondeur bien faible et et ne gardait, il est vrai, derrière lui aucune réserve, mais il allait se rétrécir au fur et à mesure de sa marche en avant, et présenterait bientôt un front plus dense, en arrière duquel le V° corps ne tarderait pas à venir former une réserve puissante.

Quand l'aube se leva, sur la journée du 10 mai, les positions des différentes troupes étaient les suivantes :

III° corps.

La 9° brigade ayant détaché son bataillon de chasseurs à Cosqueville pour surveiller la côte, occupait Saint-Pierre-Eglise et Théville ;

La 10° brigade occupait Brillevast ;

La 11° brigade était au Theil ;

Et la 12° brigade, s'avançant par la route départementale de Valognes à Cherbourg, occupait Brix.

X° corps.

Le bataillon de chasseurs de la 37° brigade était en avant de Sottevast avec mission d'établir la communication entre le X° corps et le III° qui tenait la droite ; les deux régiments d'infanterie étaient à Rauville-la-Bigot ;

La 38° brigade était à Grosville ;

La 39° à Saint-Germain ;

Et la 40° à Surtainville.

A six heures du matin toutes ces troupes,

quittant leurs cantonnements, se portaient en avant, et tandis que l'aile droite du III° corps devait marcher sur Cherbourg, son aile gauche, pivotant sur place, devait conserver le contact avec la droite du X° corps.

De son côté, le X° corps avait pour mission de pousser sa 40° brigade le long de la côte pour reprendre et occuper les différents points sur lesquels s'était effectué le débarquement des troupes anglaises, tandis que la 39° brigade s'emparerait des Pieux. Pendant ce temps la 38° brigade devrait se porter sur Virandeville, tandis que la 37° irait occuper Martinvast.

La marche du III° corps ne fut nullement entravée et ses troupes vinrent, sans encombre, occuper un front ayant sa droite à Bretteville et s'étendant par le Hameau aux Piquots, Digosville, Fréville, le Hameau au Brun, le Rocher, le bois de la Motterie, Viret et Martinvast. Seule, la 12° brigade avait eu, à l'aile gauche, à livrer combat pour occuper Viret et Martinvast, défendus par le régiment de Devonshire. Ce n'avait été qu'un engagement sans importance et le régiment anglais, que de graves pertes avaient décimé dans les combats précédemment livrés, ne put opposer à la 12° brigade pleine d'entrain qu'une faible résistance dont le nombre eut bien vite raison.

Mais si ce combat n'avait été qu'un petit

engagement sans importance en tant que lutte, il devenait cependant très important par ses conséquences, car l'occupation de Martinvast par les Français avait pour premier résultat de couper aux Anglais leur ligne naturelle de retraite vers les Pieux et la mer. Il était donc de toute nécessité de garder la position de la façon la plus sérieuse, et la 12ᵉ brigade se retrancha fortement sur les hauteurs de Viret et du Bois du Mont du Roc, où l'artillerie divisionnaire établit aussitôt ses batteries.

Mais si le IIIᵉ corps n'avait, pour ainsi dire, pas eu à combattre, il n'en avait pas été de même à l'aile gauche où le Xᵉ corps avait dû s'engager à fond sur certains points. La 6ᵉ division surtout avait rencontré de la part des réserves anglaises chargées de garder la côte une résistance des plus sérieuses et les deux points principaux, c'est-à-dire le Rozel et Sciotot, n'avaient pu être enlevés qu'après un rude combat où les troupes anglaises firent preuve d'une remarquable ténacité.

La Roche à Coucou et le petit village de Sciotot furent particulièrement le théâtre d'une lutte acharnée. Trois fois les bataillons français furent repoussés, trois fois ils revinrent à la charge et n'occupèrent le village qu'au prix des plus grands efforts. Mais quelque courage, quelque opiniâtreté que pussent dé-

ployer les soldats anglais, le nombre devait
avoir raison de leur courage. Acculés à la mer,
n'ayant plus même l'ombre d'une ligne de retraite, ils ne répondirent aux sommations de
se rendre qui leur furent faites que par des
décharges furieuses que le combat rendait de
moins en moins nourries.

La batterie, qu'ils avaient bombardée pour
s'en emparer lors de leur débarquement, n'offrait à ses défenseurs qu'un abri bien précaire; ils y résistèrent pourtant et firent acheter fort cher la victoire aux assaillants.

Pendant que la 40ᵉ brigade s'emparait du
Rozel et de l'anse de Sciotot, la 39ᵉ se portait
à l'attaque des Pieux. Assaillis à la fois de
trois côtés, par des forces supérieures, les
Anglais, sachant que la situation est à peu près
perdue du côté de Sciotot, veulent préserver la
ligne de retraite sur Diélette et, sans cesser de
combattre, ils battent en retraite vers ce petit
port, n'abandonnant le terrain que pied à pied;
leur retraite est lente, très lente, c'est ce qui
va les perdre, car, tandis que la 39ᵉ brigade les
pousse devant elle, la 38ᵉ brigade, qui s'est
emparée presque sans coup férir du château
de Sotteville, détache son régiment de gauche,
et celui-ci, dans une marche rapide, passant
par Helleville et la Petite Siouville, vient se
poster au Moulin du Bourget,

Dès que les Anglais paraissent, il les accueille par un feu nourri et bien dirigé qui creuse de larges sillons dans leurs rangs. Vainement, les soldats de la Reine, se voyant pris entre deux feux, demandent leur salut à la fuite. Ils se débandent, s'égaillent à travers champs comme des écoliers qu'un garde champêtre aurait surpris en maraude ; alors, c'est une poursuite effroyable, une véritable chasse à l'homme dans laquelle la seule alternative laissée aux Anglais consiste dans ce dilemme : mourir ou se rendre !

Diélette a pourtant une garnison anglaise, mais les soldats qui la composent, effrayés du sort de la garnison des Pieux, ne songent qu'à s'embarquer au plus vite et à prendre la mer, et Diélette tombe au pouvoir de la 39ᵉ brigade qui y entre sans coup férir.

La 37ᵉ brigade a pu s'emparer sans combat de Virandeville et des Amériaux qui n'étaient occupés que par une compagnie anglaise détachée là en observation et qui a battu en retraite par Teurthéville et Acqueville.

Cependant, un combat beaucoup plus important s'est livré devant Cherbourg et, retenant la plus grande partie des troupes anglaises, a facilité dans de notables proportions la tâche de l'armée de secours.

Lorsqu'il était arrivé, le 9, à Bricquebec, le

commandant du X° corps avait demandé un homme de bonne volonté pour traverser les lignes anglaises, et aller à Cherbourg y porter un message. Aussitôt un paysan s'était présenté.

C'était un vieillard, un homme de cinquante-cinq à soixante ans qui, au revers du gilet à manche qu'il portait en guise de veste, était fier d'arborer un nœud multicolore composé des rubans des médailles de Crimée et d'Italie.

Il se présenta devant le général et, joignant les talons de ses sabots, la casquette aplatie sous le bras, la main gauche collée au pantalon, il fit de la main droite un salut militaire des plus corrects, puis il attendit que le général lui adressa la parole.

Celui-ci donnait des ordres à un officier d'ordonnance et ce ne fut qu'au bout d'un long temps qu'il se tourna vers le vieux paysan. Tout d'abord, avant de lui parler, il l'examina attentivement.

C'était un homme de taille moyenne, râblé et trapu, aux épaules carrées, aux membres épais et solides ; un visage ouvert coupé transversalement par une moustache grisonnante et broussailleuse, éclairé par des yeux noirs au regard droit et ferme, et dominé par un front élevé, aux tons de bronze blanc ; l'homme était resté dans son attitude militaire.

— J'ai demandé un homme adroit et courageux pour une mission de confiance... C'est vous qui vous proposez ?

— Oui, mon général.

— La mission est dangereuse !

— Je le sais, mon général.

— Vous risquez de vous faire fusiller si les Anglais vous prennent.

— Peu m'importe !

— Comment vous appelez-vous ?

— Jean Dupuis, ancien caporal de zouaves, mon général.

— Mais vous êtes décoré : quelles médailles avez-vous là ?

— Ah oui ! c'est que mon ruban est bien fané... Crimée et Italie, mon général.

— Vous avez été en Crimée ?...

— Oui, mon général ; j'étais de la fameuse division Bosquet, la celle qu'est arrivée au secours de ces faillis chiens d'Anglais à la bataille d'Inkerman... juste au bon moment, dont auquel que, sans nous, ils étaient foutus, sauf votre respect, mon général. Et que nous aurions bien mieux fait de les laisser éventrer par les Russes qu'étaient bien partis à leur tanner la peau... mais suffit !... je me comprends !

— Moi aussi ! — fit le général en lui-même — Eh bien mon brave, il s'agit pour vous d'aller

porter au général commandant à Cherbourg
une lettre que je vais écrire.

— Oui, mon général.

— Il faut que vous la lui remettiez, à lui
même, ce soir.

— Bien, mon général; il l'aura dans trois
heures.

— Croyez-vous?

— J'en suis sûr! Il n'y a que vingt kilomètres
d'ici Cherbourg et, dieu merci, j'ai bon pied,
bon œil.

Cinq minutes après, Jean Dupuis sortait de
la mairie de Bricquebec après avoir inséré le
billet du général dans la doublure de sa casquette. Il s'en fut d'abord à sa maison, chaussa
ses souliers, des masses de cuir et de clous, et,
passant autour de son poignet la courroie de
cuir d'une trique solide, il siffla *Rata* et se
mit en route.

Rata était un affreux chien tenant de trois
ou quatre races et ayant un peu du caniche et
beaucoup du molosse. C'était le seul compa-
gnon de Jean Dupuis dont la femme était morte
et dont les deux fils étaient marins. Entre
l'homme et la bête, il existait plus que de l'a-
mitié, il y avait de la camaraderie; quand le
maître avait des joies, son chien les partageait;
quand il avait des chagrins, cet ami fidèle y
prenait part.

— Vois-tu, mon vieux Rata, dit l'homme à son chien, faut être malin aujourd'hui, plus malin que tous les *godem* qui sont là-bas… s'agit de leur faire un bon tour !

Pour toute réponse, le chien fit entendre un grognement joyeux qui parut à Jean Dupuis être un acquiescement, et l'homme et le chien, l'un suivant l'autre, traversèrent Quettetot d'un pas allègre, l'homme sifflotant entre ses dents le refrain bien rythmé d'une chanson de marche.

A Rauville-la-Bigot, un camarade interpella notre messager.

— Eh !… Dupuis !

— De quoi ?

— C'est comme ça qu'on passe sans dire bonjour aux amis.

— Je suis pressé !…

— D'aller voir tes amis les *godem* ?

— Pour sûr que non !

— Eh bien ! viens prendre un verre.

— Tout à l'heure…. en revenant…. je vais à Breuville.

— Je t'attends !

— C'est ça ! à tout à l'heure !

Et Dupuis continua sa route. Il passa successivement à Breuville, à la Vallée, au château de Martinvast, puis, arrivé au Pont, il prit la route d'Octeville. Comme il passait devant le fort, de grosses larmes lui vinrent aux yeux en apercevant au-dessus des remparts le drapeau anglais qui flottait et il murmura :

— Oh ! les salauds ! les salauds ! Et dire que nous nous sommes fait esquinter pour eux à Inkerman.

Il continua sa route sans être inquiété ni interrogé par personne, se dirigeant vers la ville. Un obus tiré d'Octeville passa en sifflant au-dessus de sa tête allant à l'arsenal.

Oh ! oh !... les salauds !... les cochons !... En v'la de la reconnaissance de tout ça que nous avons fait pour eux.

Il entra dans la ville et s'informa de la demeure du général ; on lui indiqua l'hôtel du Louvre.

— Faut que je parle au général ! dit-il au premier soldat qu'il aperçut sous la porte cochère.

— Pourquoi faire ? dit le soldat.

— Parce qu'il faut que je lui parle.

— Pourquoi faire ? réitéra le soldat.

— Ça ne te regarde pas, blanc-bec. dit l'homme ; va dire au général que je demande à lui parler et qu'il faut que je lui parle.

— Vieux s'rin ! fit le soldat, et il se remit à marcher en sifflotant.

La colère commençait à monter au cerveau du paysan.

— Veux-tu, oui ou non, aller dire au général qu'il faut que je lui parle?

Le soldat haussa les épaules et ne répondit pas ; alors Jean Dupuis siffla son chien :

— Ici, Rata ! garde, garde !

Et tandis que le chien, happant le pantalon du soldat, le faisait rester en place, l'homme entra dans l'hôtel. Le soldat criait, ses camarades accoururent, on arrêta l'homme et on chassa le chien. L'homme fut conduit devant le sergent :

— Il faut que je parle au général, dit-il.

— Mais, mon brave homme, on ne parle pas comme ça au général ! ... Vous figurez-vous qu'il n'a qu'à écouter vos balivernes.

— Il faut que je lui parle, que je vous dis !

— Vous êtes fou !

— Non, je ne suis pas fou !

Devant le ton d'assurance de l'homme, le sergent alla trouver un officier d'ordonnance et lui conta l'affaire. L'officier vit l'homme qui répéta qu'il voulait parler au général.

— Pourquoi ? demanda-t-il.

— Mon capitaine, fit l'homme, j'ai une lettre à lui remettre.

— Donnez-la moi ?

— Je ne suis pas un bleu !... On m'a dit de ne la donner qu'à lui-même.

Alors le capitaine emmena l'homme pour le

conduire au général, et quand Jean Dupuis sortit du poste, il jeta sur le sergent et sur les hommes un regard circulaire tout chargé de mépris.

— Tas de morveux! fit-il, et il suivit le capitaine.

Jean Dupuis put remettre sa lettre ; il allait remporter la réponse.

En sortant, il siffla son chien et Rata vint, boitant d'un coup que le soldat lui avait donné ; l'homme et le chien se remirent en route, en suivant, pour s'en retourner, le chemin qu'ils avaient suivi pour venir. Mais à chacun des coups de canon des Anglais, Jean Dupuis répétait :

— Oh! les salauds! les salauds!

. . . .

Le lendemain, tandis que le Xe corps attaquait Martinvast et les Pieux, la garnison de Cherbourg, cette pauvre garnison qu'avaient épuisée les combats successifs qu'elle avait dû soutenir, réunie en deux colonnes, tentait une sortie sur le fort d'Octeville et l'attaquait à la fois par le nord et par l'est, forçant les troupes anglaises à rester sous Cherbourg et faisant ainsi une diversion utile aux progrès de la marche en avant des IIIe et X^e corps.

Le 11 mai, le IIIe corps se maintint simplement sur les positions qu'il avait occupées la veille, mais le X⁰ corps, laissant la 20⁰ division pour garder la côte, faisait avancer la 19⁰ division dont la 38⁰ brigade traversant toute la Hague par une marche de plus de 20 kilomètres, venait occuper Querqueville et Tonneville pendant que la 37⁰ brigade occupait Flottemanville et le moulin de Bas.

La douzième brigade (III⁰ corps), s'avançant également, allait occuper le Pont.

Le 12 mai devait être une journée définitive et l'armée anglaise allait payer cher son insolente invasion de notre territoire. Toute retraite lui était coupée et, à ses neuf régiments d'infanterie, dont les pertes éprouvées dans les précédents combats avaient sensiblement réduit les effectifs, nous allions en opposer seize qui, n'ayant encore pas vu le feu pour la plupart, avaient leurs effectifs au grand complet.

Dès l'aube, le mouvement en avant commença sur tout le front de l'armée française en même temps que la garnison de Cherbourg tentait une sortie générale sur trois points à la fois.

En vain, les Anglais, sentant leur situation désespérée, opposèrent à nos efforts la plus énergique résistance ; en vain, les Highlanders et les Grenadiers essayèrent de rompre nos lignes d'attaque et de s'y frayer un passage ;

en vain, les dragons chargèrent nos fantassins, ceux-ci les accueillirent par de formidables décharges qui les contraignirent à rétrograder, non sans laisser de nombreux morts sur le terrain. Tout fut vain, tout fut inutile, et les Anglais virent se resserrer de plus en plus le cercle qui allait les écraser.

Le combat avait commencé sur toute la ligne à 6 heures du matin, et soudain, à onze heures, on vit, au mât qui domine le fort du Roule, le pavillon français s'élever et remplacer l'odieux pavillon anglais qui y flottait depuis le 28 avril.

C'en était fait ! Cherbourg était repris et, du large, les cuirassés anglais durent assister, impuissants, à la capitulation successive des ouvrages que les soldats de la Reine avaient eu tant de peine à conquérir.

Mais, pendant que ces événements se produisaient dans le Cotentin et tournaient à la satisfaction de la France, d'autres événements non moins heureux se déroulaient dans l'est de l'Europe et dans la Méditerranée.

Nous avons dit dans le chapitre précédent que les troupes russes avaient marché sur Posen et sur Lemberg et que la flotte russe avait reçu l'ordre d'aller bombarder Naples.

Mais, avant d'agir militairement et de laisser la parole au canon, les chefs de ces trois

armées devaient remettre aux autorités allemandes, autrichiennes et italiennes un *ultimatum* enjoignant à ces gouvernements de
désarmer immédiatement, en rapportant, dans
les quarante-huit heures, les décrets de mobilisation de leurs armées.

Nous avons vu qu'il avait suffi d'un grognement de « l'*Ours du Nord* » pour rendre
l'Allemagne et M. de Bismarck infiniment
plus malléables et plus accessibles. L'Allemagne, bien qu'à regret, nous avait rendu
nos fonctionnaires : qu'allait-elle faire devant
ce raisonnement froidement logique que tenait
la chancellerie russe dans l'*ultimatum* dont ses
chefs militaires étaient porteurs.

Il était dit en substance dans ce document
que le différent entre la France et l'Allemagne
n'existant plus, par le fait même de la remise
à la France des fonctionnaires qu'elle se bor-
nait à réclamer sans autres revendications
d'aucune sorte, la crainte d'une agression de
la France contre l'un des États alliés était désormais, non seulement puérile, mais même ridi-
cule, et que le *casus fœderis* en vertu duquel
l'Autriche et l'Italie avaient mobilisé se trouvait
anéanti ; qu'en conséquence, il n'y avait plus
lieu pour aucune des trois nations alliées de
maintenir son armée en état de mobilisation
et qu'ainsi le non-désarmement par les puis-

sances alliées dans un délai très court ne pourrait être considéré par le Gouvernement impérial Russe que comme l'indubitable manifestation d'une arrière-pensée d'agression contre l'une ou l'autre des grandes puissances européennes, manifestation que le Gouvernement Impérial de Russie ne saurait tolérer.

Le troisième jour après la remise de ce document, le gouverneur de Posen fit remettre, par un de ses officiers, au général commandant les troupes russes une note accompagnant l'envoi d'un exemplaire du *Moniteur officiel de l'Empire* contenant le décret qui renvoyait dans leurs foyers les hommes des différentes classes de réserve appelés en vertu du décret de mobilisation daté du 12 avril.

A peu près en même temps, une communication identique était faite aux commandants des forces russes devant Lemberg et devant Naples.

Cette heureuse et importante nouvelle fut aussitôt transmise par le gouvernement russe au gouvernement français qui, en réponse, fit connaître aux ambassadeurs des puissances alliées demeurées à Paris, puisque l'état de guerre n'avait pas été déclaré, qu'il allait rappeler ses troupes des frontières pour les employer seulement à l'expulsion des Anglais du territoire de la République

Dans la situation telle qu'elle se trouvait alors faite, notre escadre, qu'il avait été prudent de garder dans la Méditerranée pour y défendre nos côtes contre les tentatives éventuelles de la Marine Italienne, pouvait quitter Toulon sans faire courir aux villes de notre littoral un danger bien évident et dès, le lendemain, elle appareilla pour se rendre dans la Manche. Elle devait, au passage, prendre à Ouessant les dernières instructions du ministre.

L'escadre se dirigeant ainsi vers la Manche se composait de nos meilleurs et de nos plus forts bâtiments cuirassés, et c'était sur l'*Amiral Duperré* que l'amiral commandant en chef avait arboré son pavillon. Elle comprenait, en outre, deux grands transports, ordinairement affectés au service de l'Indo-Chine, le *Mytho* et le *Shamrock*, qui devaient ravitailler les torpilleurs accompagnant l'escadre.

Marchant à toute vapeur, elle franchit sans opposition le détroit de Gibraltar où il était à craindre qu'elle fût attaquée par une escadre anglaise en sentinelle sous les canons de ce fort, illogiquement possédé par l'Angleterre sur le territoire espagnol, et entra dans l'Atlantique.

A Ouessant, le *Mytho* et le *Shamrock* reçurent l'ordre de venir en rade, tandis que l'escadre croiserait au large en les attendant.

A peine les deux grands transports avaient-ils pris le corps-mort, que les six bataillons du 2ᵉ régiment d'infanterie de marine s'embarquaient dans des chalands pour monter à bord.

Les hommes y étaient bien un peu à l'étroit, mais ils ne devaient y rester que fort peu de temps.

Deux heures après, les deux grands transports quittaient le corps-mort et, suivis par le transport Calvados, qui avait à son bord six batteries d'artillerie, ils prenaient la route du Goulet et rejoignaient l'escadre.

Le lendemain, 15 mai, à la pointe du jour, le *Mytho* débarquait les trois premiers bataillons d'infanterie de marine à la baie de Sainte-Brelade (Jersey), tandis que le *Shamrock* débarquait les trois autres sur la côte ouest de Guernesey.

Pendant que les transports débarquaient leurs troupes, les cuirassés de l'escadre, qui s'étaient partagés en trois divisions, continuant leur route, allaient commencer le bombardement des ouvrages défensifs des trois îles.

La première division à la tête de laquelle marchait l'*Amiral Duperré*, doublant la pointe de Noirmont, se présentait devant Saint-Hélier et ouvrait le feu sur le fort Régent.

Affolé par cette double attaque, le lieutenant-gouverneur anglais n'essaya même pas de se porter au-devant des troupes de débarquement qui, formées en deux colonnes, s'avançaient sur la capitale de l'île en passant, l'une, par la route de Saint-Aubin et l'autre, qui avait remonté par la vallée des Water-Works et coupé à travers les belles campagnes de Jersey, redescendait maintenant vers la ville pour l'attaquer vers le nord par Saint-Sauveur et s'emparait aussitôt du palais du gouverneur.

Quand la nuit vint, la canonnade, loin de se ralentir, redoubla de vigueur ; les troupes anglaises s'étaient réfugiées, pour la plus grande partie, derrière les abris du fort Régent et, pour le reste, au château de Montorgueil que canonnait du large les deux gardes-côtes *le Tigre* et *la Tempête*.

— Il nous suffit, — avait dit le lieutenant-gouverneur à ses soldats, — de tenir ici pendant quarante-huit heures, car certainement la flotte viendra nous débarrasser de ces *damned frogs eaters* [1].

Le gouverneur avait compté sans son hôte et ne se doutait guère que le câble télégra-

---

[1] Damnés mangeurs de grenouilles. — Locution usitée chez les Anglais pour désigner les Français d'une façon méprisante.

phique, qui jadis unissait les iles anglaises de
la Manche avec Southampton, avait été cher-
ché, relevé et coupé par le croiseur français
le Sfax et que toutes les dépêches se per-
daient maintenant dans les couches sous-
marines.

La nuit entière se passa sans que la canonnade des cuirassés français se fût ralentie un
seul instant et le fort Régent en souffrit
durement.

Le lendemain, dès l'aube, l'assaut fut tenté;
après une lutte acharnée de deux heures,
le fort Régent dut amener son pavillon et la
garnison prisonnière fut aussitôt embarquée à
bord du *Shamrock*, qui prit la route de Granville.

Tandis que la moitié de la garnison anglaise
tombait avec le fort Régent aux mains des
Français, une partie du corps de débarquement s'en allait attaquer le château de Montorgueil.

La sombre et fière forteresse qui se dresse
sur un étroit promontoire a conservé presque
complètement son caractère féodal. Ses grands
murs gris, que recouvre presque entièrement
le lierre, ses tours crénelées, son donjon circulaire dominant la mer, gardent encore, malgré les maladroites substructions qui les entourent, un aspect qui devait certainement, au

moyen âge, jeter dans l'esprit du voyageur un sentiment de crainte ou de répulsion, car alors Montorgueil était, non seulement un château-fort, mais aussi une prison, et une prison dont bien peu de gens sortaient vivants.

C'est là que Jean sans Terre résida quand il vint à Jersey ; c'est là que des malheureux comme Bandinel et Prynne subirent leur longue détention dont la mort, seule, délivra le premier dans sa tentative d'évasion ; c'est là que les gouverneurs anglais venaient jadis se livrer à de folles orgies à l'issue desquelles, s'asseyant sur le banc de justice qui subsiste encore dans la cour du castel, ils condamnaient sans pitié les paysans, qui avaient osé réclamer contre leurs honteuses exactions, à la mort horrible qui les attendait au *Saut Jeffroy*[1].

Mais si, dans les siècles passés, Montorgueil put être considéré comme une citadelle inexpugnable, il n'en est plus de même aujourd'hui, alors que ses murs en partie ruinés auraient à subir les atteintes puissantes de l'artillerie moderne, et que ses fortifications d'un autre âge ne permettent pas de défendre par les mêmes moyens, car aucun emplacement n'y est possible pour des canons.

[1] Rocher situé près de Montorgueil et du haut duquel les condamnés à mort étaient jadis précipités dans la mer.

Les soldats anglais, entassés dans les étroites cours du vieux château comme harengs en caques, avaient, sans aucun respect pour la religion ni pour la mort, établi leur cuisine et faisaient griller leur *roasbeef* dans l'ancienne chapelle placée sous l'invocation de saint Georges où Sir Thomas Overay [1] dort son dernier sommeil, et, par la porte basse qui, de l'escalier en pas de vis du vieux donjon, donne accès à cette chapelle une épaisse fumée de charbon de terre s'échappait en lourdes spirales.

Au-dessus de la chapelle, les officiers de la garnison avaient installé leurs lits de camp; dans une étouffante promiscuité, ces *gentlemen* dormaient, mangeaient, buvaient, popotaient, papotaient, regrettant que les hasards de la guerre ne leur permissent plus les aimables *lawn tennis* et les délicats et copieux *luncheons* au club.

Autour d'eux, c'était un grouillement continuel de soldats en corvées ou en service, allant et venant perpétuellement, partagés entre la crainte de voir paraître, soit par terre, soit par mer, le pavillon français, et l'appétit formidable qui fit dire à un écrivain, lors de la guerre de Crimée: « Les Anglais sont de bons soldats

[1] Gouvernement de Jersey sous Henry VII.

« mais seulement alors qu'ils ont un beefsteack
« dans le ventre. »

Le major qui commandait à Montorgueil
conservait, comme le lieutenant-gouverneur,
l'espoir que la flotte appelée par les pressantes
et nombreuses dépêches qu'ils avaient lancées
viendrait au secours de l'Ile et, connaissant
ses hommes, il s'était surtout préoccupé de
faire entrer au château une large provision
de victuailles, capable de satisfaire pendant
plusieurs semaines à l'appétit de ses soldats.
Mais les vaches jersiaises exigent de la place
et leur admission dans le fort avait restreint
d'autant la place déjà si restreinte qu'avait la
troupe dans les étroites cours de l'enceinte.

Il faisait ce jour-là un beau temps clair et
et doux de printemps et les soldats placés
en védette sur la plate-forme du donjon pouvaient voir en face d'eux les rochers des
Ecrehou que venait lécher doucement les
vagues, comme en d'amoureux baisers des
ondes aux granits, et, plus loin, s'estompant
dans la vapeur de l'extrême horizon, la flèche
de la cathédrale de Coutances; derrière eux,
l'ile déroulait son merveilleux panorama et
leurs regards plongeaient sur la route de Saint-
Hélier, qu'ils voyaient, jusqu'à l'église de
Grouville, étaler son ruban de sable doré par
les rayons d'un clair soleil.

Soudain, à leur extrème droite, là-bas au Sud, derrière la pointe de la Rocque, apparut l'escadre française, évoluant pour remonter vers le Nord et se rapprocher de Montorgueil ; l'alarme fut aussitôt donnée et les soldats anglais, venant d'absorber un plantureux *break-fast*, rejoignirent rapidement leurs postes de combat et se répandirent en rangs pressés le long des vieilles murailles qui furent jadis témoins des luttes acharnées des royalistes et des parlementaires.

À peine leur déploiement était-il terminé, qu'une division de l'escadre s'arrêtait et ouvrait le feu sur le château, tandis que l'autre, continuant sa route, allait s'embosser en face de Montorgueil, à quatre milles environ dans la direction des Écrehou.

Presque simultanément, on signalait une colonne d'infanterie venant par la route de Grouville, et, un peu après, une autre colonne était signalée sur la route des *Five Oaks*[1].

La canonnade était commencée depuis une demi-heure à peine et, de minute en minute, se faisait plus intense. Chaque projectile arrivant creusait un large trou dans les murailles ou bien, éclatant dans les étroites cours du château, au milieu des rangs pressés des soldats

[1] Les Cinq Chênes.

anglais, ne laissait plus voir, une fois la fumée dissipée, que des cadavres ou des blessés affreusement mutilés, au milieu d'un grand vide soudainement ouvert dans les rangs.

Pendant ce temps, l'infanterie française, se rapprochant de plus en plus s'apprêtait à l'attaque ; le moment où ils pourraient enfin, privés qu'ils étaient de canons pour répondre à l'artillerie adverse, se mesurer avec notre infanterie de marine dans l'effroyable tuerie d'un combat corps à corps, était impatiemment désiré par les soldats anglais.

Il ne devaient pas l'attendre bien longtemps.

En effet, lorsque après quatre heures d'une canonnade nourrie et meurtrière, il fut jugé que le château de Montorgueil était suffisamment endommagé pour ne plus présenter qu'une résistance peu sérieuse à l'attaque de l'infanterie, l'ordre de l'assaut fut donné et nos marsouins s'élancèrent à la baïonnette.

Ce fut alors entre eux et les soldats anglais une lutte effroyable d'une heure à peine qui joncha littéralement le sol de cadavres. Les soldats de la Reine résistaient avec un courage opiniâtre, les Fantassins de marine les attaquaient avec une audace et une *furia* extraordinaires, et c'était, dans les cours du vieux château féodal, une épouvantable mêlée, un effrayant corps-à-corps où l'on se tuait par tous les moyens et par toutes les armes ; quand les baïonnettes ruisselantes de sang étaient lasses de crever les poitrines, c'étaient les crosses qui frappaient, transformées en merlins, puis, quand les bras fatigués de cette hideuse besogne laissaient tomber le fusil, les ongles et les dents, intervenant, eussent pu faire croire que le combat n'était point entre les troupes de deux pays civilisés, mais bien plutôt entre les hordes de deux peuplades anthropophages.

Il fallut que les Français enlevassent ainsi le château pied à pied et presque pierre par pierre, mais, quelque rude que fût la besogne, ils en vinrent à bout et, tout à coup, les marins de l'escadre aperçurent au mât qui domine le vieux donjon les trois couleurs de notre drapeau s'élever glorieusement dans les airs, là où tout à l'heure encore flottait le *Union Jack*.

Jersey, qui fut la patrie du véritable père de la littérature française [1], et qui fut aussi, avant Guernesey, et peut-être même pour cette raison, le séjour de notre grand poète national, proscrit de son pays par les bandits qui venaient d'y voler le gouvernement, Guernesey l'île bienheureuse où, sous nos durs climats, poussent en pleine terre les éblouissantes végétations des tropiques, Auregny, cette

[1] Robert Wace, auteur du *Roman de Rou*.

sentinelle avancée de la France sur la mer, Herm, la druidique, Sercq, cette perle de beauté, étaient en notre pouvoir.

Aucune des îles n'avaient pu résister à la vigueur et à la soudaineté de notre attaque, et, le lendemain, le général commandant le corps de débarquement félicitaient ses troupes dans les termes suivants :

Ordre du Jour :

« Officiers, sous-officiers et soldats.

« Depuis le commencement du XIIIe siècle, les Iles normandes, malgré leur langue, malgré leurs mœurs, malgré l'histoire, étaient passées des fiefs de la Couronne de France sous la domination de l'orgueilleuse Angleterre et maintes tentatives de reprise exercées par nos ancêtres avaient échoué.

« Le *preux chevalier* dont le nom brille d'un si vif éclat dans les fastes de l'histoire militaire de la France, Bertrand du Guesclin lui-même, avait dû lever le siège qu'il était venu mettre devant ce château de Montorgueil que vous venez d'emporter de haute lutte.

« Là où ce vaillant homme de guerre avait échoué, vous venez de réussir et vous avez rendu les Iles normandes à leur véritable patrie.

« Officiers, sous-officiers et soldats,

« Au nom de la France et de la République, je vous en remercie et vous en félicite.

« Au quartier général de St-Hélier, le 18 mai 1890.

« Le général commandant, etc. »

CHAPITRE X

Lorsqu'en 1870-71, la France, que M. de
Bismarck avait, par sa cauteleuse duplicité,
amenée à déclarer la guerre à l'Allemagne,
vaincue, épuisée, demanda la paix, le chancelier de fer jeta, comme l'avait fait Brennus à
Rome, la lourde épée de l'Allemagne dans la
balance et exigea du pays qu'il venait d'écraser une rançon sans aucun précédent dans
l'histoire ; il en fixa la somme à un chiffre
tellement énorme qu'encore aujourd'hui il
semble fabuleux. En même temps, se basant
à la fois sur une soi-disant théorie des nationalités et sur la nécessité pour l'Allemagne
d'avoir une frontière plus solide, il nous prenait deux provinces et venait planter ses poteaux frontières sur la ligne des Vosges.

Vainement, la France fit appel à l'humanité
de M. de Bismarck, vainement, certaines
nations, éprises de la justice, firent appel à la

modération qui sied toujours au vainqueur,
l'humanité et la modération sont des vertus
inconnues à la race des *Schwobs*, le chancelier
allemand se renferma étroitement dans la sauvage doctrine du *Væ Victis !* et fit signer aux
plénipotentiaires français qui, au nom de leur
patrie vaincue, étaient venus solliciter la paix,
un traité tellement draconien que, comme les
lois de l'archonte d'Athènes, on eût pu le croire
écrit avec du sang.

Dans l'esprit de M. de Bismarck ce traité,
juste punition de l'agression commise contre
l'Allemagne, devait à tout jamais anéantir la
France.

Et, puisque maintenant l'Angleterre, alliée
de l'Allemagne, marchant sous l'impulsion
directe de M. de Bismarck, après avoir injustement provoqué la France, après avoir
entamé contre nous des hostilités révoltantes
par leur barbarie, après avoir ruiné notre arsenal de la Manche et la ville de Cherbourg,
après avoir réduit notre grand port commer-
cial de la Manche en un monceau de décombres
fumants, après avoir anéanti une de nos
escadres et violé notre territoire, puisque maintenant l'Angleterre, vaincue, sollicitait la paix,
n'aurait-il pas été de la plus élémentaire justice que la France victorieuse appliquât à cette
très soumise servante de M. de Bismarck les

théories que le même M. de Bismarck nous
avait jadis appliquées.

N'était-il pas très logique que cette Angleterre jalouse et hautaine fût abaissée dans son
orgueil et qu'elle payât moralement et pécu-
niairement les frais et les dépens de cette
guerre qu'elle avait provoquée pour com-
plaire servilement aux volontés gallophobes
de l'Ogre de Varzin?

N'était-il pas cent fois juste et cent fois
équitable que l'Angleterre nous donnât et une
juste compensation pour les dommages causés,
qu'il n'avait pas dépendu d'elle de faire plus
grands encore, et une garantie matérielle
contre d'éventuelles entreprises ultérieures.

La France, toutefois, n'a jamais eu et
n'aura jamais cette âpreté sordide qui carac-
térise l'Allemagne et lui fait considérer une
guerre comme une entreprise commerciale
dont on peut supputer à l'avance les bénéfices
éventuels. Riche de gloire, elle n'a pas à
chercher les lauriers sur les champs de
bataille ; riche de vitalité, il ne lui est pas
nécessaire de faire la guerre pour faire rentrer
de l'argent dans les coffres où s'accumulent
les finances nationales ; riche de sa population,
sans pourtant que celle-ci soit en excès, elle
n'a pas besoin de la saignée périodique que
l'Allemagne cherche dans les guerres comme

un remède à la pléthore génératrice qui l'étouffe et qu'une formidable émigration est impuissante à enrayer.

La France donc devait exiger, pour traiter de la paix, une indemnité de guerre suffisante pour compenser et relever les ruines occasionnées au Hâvre et à Cherbourg par le bombardement, refaire l'escadre détruite le 23 avril dans la bataille de la Baie de la Seine et s'assurer la possession des Iles de la Manche qui, françaises de langue et de coutumes, étaient, aux mains des Anglais, une perpétuelle menace pour la sécurité de la presqu'île du Cotentin.

Telles étaient les idées dont le gouvernement français se trouvait animé quand, Sa Majesté Britannique ayant sollicité les bons offices de l'Espagne neutre dans tout le conflit pour que celle-ci s'interposât comme médiatrice entre la France et l'Angleterre, l'ambassadeur de la veuve d'Alphonse XII fit à Paris des ouvertures officieuses pour la conclusion d'un armistice au cours duquel les plénipotentiaires français et anglais pourraient se réunir pour discuter et arrêter les conditions de la paix. Il lui fut répondu que la France était toute prête à acquiescer à ces propositions, et l'ambassadeur d'Espagne, au nom de son gouvernement, intervenant comme médiateur, proposa au cabinet français la conclusion immédiate d'un armistice d'un mois, se portant fort de l'entier acquiescement de l'Angleterre à la suspension des hostilités, mais, déclarant, par contre, qu'il n'avait aucun pouvoir pour engager en quoi que ce soit la question des conditions à intervenir pour la conclusion définitive de la paix. Le soir même, un armistice de trente jours, qui devait commencer le surlendemain, samedi 24 mai, pour se prolonger jusqu'au lundi 23 juin, était conclu et la nouvelle en était expédiée à Londres par les soins de l'ambassadeur d'Espagne.

Il était, en outre, convenu que les plénipotentiaires des deux nations belligérantes se réuniraient à Bruxelles le lundi 26 mai pour y traiter de la paix, sauf ratification ultérieure. La nouvelle de l'incident se répandit rapidement dans toute la France et y causa une joie profonde. Le peuple français avait subi la guerre, mais sans l'avoir le moins du monde désirée, il était tout heureux de voir se rouvrir l'ère de la paix.

Dès le lendemain matin, l'ambassadeur d'Espagne, se félicitant que sa mission fût aussitôt terminée, se présenta au quai d'Orsay et informa notre ministère qu'un télégramme qu'il venait de recevoir de l'ambassadeur d'Espagne à Londres lui faisait connaître que le gouvernement anglais était heureux d'accepter l'armistice et enverrait ses plénipotentiaires à Bruxelles pour qu'ils y rencontrassent, le 26 mai, les plénipotentiaires français.

Notre ambassadeur à Londres et notre ambassadeur à Bruxelles furent désignés comme plénipotentiaires pour assister le ministre des affaires étrangères lui-même et, de son côté, l'Angleterre envoya à Bruxelles l'ambassadeur qui la représentait auparavant à Paris pour y assister sir James Fergusson, sous-secrétaire d'État aux affaires étrangères du cabinet de Saint-James.

Ce fut à l'ambassade de France que les plénipotentiaires se rencontrèrent et, dès la première conférence, après avoir réciproquement examiné et trouvé en bonne et due forme les pouvoirs des représentants des deux parties contractantes, quand notre ministre exposa aux trois envoyés anglais les bases sur lesquelles le gouvernement français entendait traiter de la paix, ceux-ci qui n'avaient pas sourcillé en entendant parler de l'indemnité de guerre dont le chiffre serait à fixer ultérieurement en ce qui concernait les dégâts commis au Havre et dans le Cotentin, mais qui, d'ores et déjà, comprendrait une somme de cinq cents millions pour ceux causés à l'arsenal de Cherbourg et à l'escadre de la Manche, se récrièrent comme des diables quand le ministre demanda la cession de six des grands cuirassés de la flotte anglaise, et ce fut encore pire, ils crièrent à l'abomination, quand les plénipotentiaires français déclarèrent que les Iles de la Manche devraient faire retour à la France, à laquelle elles appartiennent au double point de vue ethnologique et géographique.

Ces bases une fois posées, la première conférence prit fin et, d'un commun accord, on remit au 29 pour se rencontrer à nouveau.

A cette deuxième réunion, les plénipotentiaires anglais firent offre de payer à la France une indemnité de guerre totale de un milliard et demi, moyennant quoi la France renoncerait à l'idée de s'annexer les Iles de la Manche et de se faire livrer six cuirassés. Naturellement les plénipotentiaires français rejetèrent cette offre dilatoire.

Il serait certainement oiseux de donner ici, dans le détail, le récit au jour le jour des pourparlers de Bruxelles : il nous suffira d'en marquer les phases principales et de montrer à la suite de quelles concessions successives les ministres de Sa Majesté britannique en arrivèrent à souscrire aux conditions posées primitivement par la France, et qui d'ailleurs,

au cours des négociations, ne varièrent pas
d'un seul iôta.

Le premier point sur lequel les envoyés
anglais cédèrent fut la remise de la flotte
exigée par la France ; les ambassadeurs londo-
niens essayèrent bien de nous faire accepter
tout d'abord trois cuirassés de second rang et
trois seulement de premier rang, mais nos
plénipotentiaires restèrent inflexibles et bientôt la cession fut convenue et s'arrêta sur les
navires suivants :

Alexandra, cuirassé d'escadre. 9,490 tonneaux, 8.610 chevaux. 18 canons ;

Agamemnon. cuirassé à tourelles, 8.510 tonneaux, 6.360 chevaux. 6 canons ;

Superb, cuirassé d'escadre, 9.170 tonneaux,
6.580 chevaux, 22 canons :

Minotaur. cuirassé d'escadre à 5 mâts,
10.690 tonneaux, 6.700 chevaux, 17 canons.

Monarch, cuirassé à tourelles, 8,320 tonneaux, 7,840 chevaux, 7 canons ;

Sultan, cuirassé d'escadre, 9.290 tonneaux,
7,720 chevaux, 19 canons.

Jusque-là, ils restaient intraitables sur le
chapitre des Iles de la Manche ; cependant, devant l'obstination française, ils durent finir par
céder. Notre ministre des affaires étrangères
ayant insisté particulièrement sur l'importance

d'Auregny qui par les fortifications que l'Angleterre y a accumulées et par sa très grande proximité de la côte de France (16 kilomètres du cap de la Hague) est une sentinelle avancée dont la France ne saurait tolérer que l'œil restât ouvert au profit de l'ennemi, sir James Fergus saisit la balle au bond et offrit la cession de l'île d'Auregny.

Les Anglais offrirent ensuite Auregny avec renonciation formelle de l'Angleterre à toutes revendications ultérieures sur les groupes du Passage de la Déroute, les Chausey et le Minquiers; puis ce fut le tour de Jersey, les Anglais ne se réservant plus que Guernesey, Herm et Sercq; mais tous leurs faux-fuyants, tous leurs atermoiements ne servirent qu'à prolonger les négociations, ils n'obtinrent pas la moindre concession.

Le traité fut enfin signé le 18 juin, après vingt-quatre jours de négociations absolument inutiles puisqu'elles n'avaient pas fait varier d'une ligne les exigences françaises.

Voici d'ailleurs le texte du traité, tel que le publia le *Journal officiel* du 27 juin, après que le Parlement français consulté en eut à la presque unanimité voté la ratification :

Entre Monsieur le Ministre des affaires étrangères, Monsieur l'Ambassadeur de France à Londres et Monsieur l'Ambassadeur de France à Bruxelles, munis

des pleins pouvoirs du Gouvernement de la République
Française,

D'une part ;

Et de l'autre :

Monsieur le Sous-Secrétaire d'État pour les affaires
étrangères, Monsieur l'Ambassadeur de Grande-Bretagne à Paris et Monsieur l'Ambassadeur de Grande
Bretagne à Bruxelles, munis des pleins pouvoirs de Sa
très gracieuse Majesté Victoria Iʳᵉ, Reine de Grande-
Bretagne et d'Irlande, Impératrice des Indes, etc.,

Les pleins pouvoirs des deux parties ayant été exa-
minés en commun et trouvés en bonne et due forme,
il a été convenu ce qui suit, pour servir de base au
rétablissement de la paix entre les deux hautes parties contractantes :

ARTICLE PREMIER. — S. M. la Reine de Grande-Bretagne et d'Irlande renonce en faveur de la République
Française à tous ses droits et titres sur les îles et îlots
situés près des côtes de France et connus sous le nom
d'*Iles Anglo-Normandes* ou de *Channel Islands* (Iles du
Canal) pour que la République française les possède à
perpétuité et en toute souveraineté.

ART. II. — Les sujets de S. M. la Reine de Grande-
Bretagne et d'Irlande seront désormais soumis dans
les Iles au régime précédemment appliqué par l'autorité anglaise aux citoyens français et, nommément, ils
ne pourront y posséder ni acquérir des biens immeubles ou des terrains. Les sujets d'origine anglaise
possédant actuellement des propriétés de cette nature,
dans les Iles seront tenus de les vendre et transférer dans
le délai d'un an à compter du jour de la ratification des
présentes. Dans le cas où à l'expiration de ce délai, des
sujets de Sa Majesté Britannique posséderaient encore
des biens immeubles ou des terrains dans les Iles, le

gouvernement français pourra procéder contre eux par voie d'expropriation et le chiffre des indemnités sera fixé par une commission composée, en nombre égal, de délégués du gouvernement de la République Française et de délégués de Sa Majesté Britannique.

Les sujets anglais originaires des territoires cédés, domiciliés actuellement sur ces territoires, qui entendront conserver la nationalité anglaise jouiront jusqu'au 1er janvier 1891 et moyennant une déclaration préalable faite à l'autorité compétente de transporter leur domicile hors des Îles, auquel cas la qualité de citoyens anglais leur sera maintenue, mais ils seront de ce fait soumis aux dispositons qui précèdent.

ART. III. — Sa Majesté la reine de Grande-Bretagne et d'Irlande cède en toute propriété à la République française les navires de guerre cuirassés : *Alexandra*, *Agamemnon*, *Superb*, *Minotaur*, *Monarch* et *Sultan*, et les remettra au Gouvernement Français dans le délai d'un mois à dater de la ratification des présentes.

La remise en sera faite, avec leur armement matériel complet, dans l'un des quatre ports militaires français suivants, savoir : Brest, Lorient, Rochefort et Toulon, et des commissions spéciales seront nommées par le Gouvernement de la République française pour en prendre livraison.

ART. IV. — Le Royaume-Uni de Grande-Bretagne et d'Irlande paiera à la République Française une indemnité de guerre fixée à la somme de un milliard de francs dont la moitié sera payée dans le délai de trois mois, et l'autre moitié dans le délai d'un an à compter de la ratification des présentes.

Tous les paiements, dont avis devra être donné au Gouvernement Français au moins un mois à l'avance, seront effectués dans les principales villes de commerce de la France et ne seront reçus qu'en métal, or ou argent, ou en billets de la banque de France.

Aᴿᵀ. V. — Les traités de commerce entre la France et l'Angleterre ayant été annulés par la guerre, le Gouvernement Français et le Gouvernement Anglais désigneront des plénipotentiaires chargés de négocier de nouvelles conventions et de régler les points de détail non prévus au présent traité pour la conclusion de la paix. Ces plénipotentiaires se réuniront à Bruxelles dans le délai d'un mois à compter de ce jour.

Aᴿᵀ. VI. — Les ratifications du présent traité par la Chambre des députés, le Sénat et M. Président de la République française,

D'un côté,

Et de l'autre

par Sa Majesté la Reine de Grande-Bretagne et d'Irlande, seront échangées à Bruxelles dans un délai de dix jours ou plus tôt si faire se peut.

En foi de quoi les plénipotentiaires respectifs l'ont signé et y ont opposé le cachet de leurs armes.

Fait à Bruxelles, le 18 juin 1890.

Signé.   . . . .

Aussitôt, tant à Londres qu'à Paris, on se mit en devoir d'obtenir du Parlement la ratification de ce traité, mais si le gouvernement français ne rencontra aucune opposition, ni dans la Chambre, ni dans le Sénat, il fut bien loin d'en être de même à Londres.

La Chambre des Communes se montra particulièrement rétive, le parti jingoïste jeta feu et flammes, se récriant contre le caractère léo-

nin de ce traité et, parmi ces énergumènes
qu'une véritable crise d'épilepsie semblait
avoir frappé, le D' Cameron, auteur de tout le
mal par ses interpellations au sujet des Minquiers, paraissait encore l'un des plus malades.

Il y eut deux séances terribles et rien ne
saurait donner une idée de leur tumulte ; les
invectives se croisaient à travers la salle avec
une violence innommable et pleuvaient sur le
banc des Ministres. Un député irlandais monta
même à la tribune et, s'adressant à lord Salisbury, affaissé sur son banc, il lui jeta cette apostrophe :

— Quand on vous a demandé s'il existait
un traité entre vous et l'Allemagne, vous avez
impudemment menti en affirmant qu'il n'en
existait pas. Aujourd'hui l'Allemagne, dont
vous avez été l'instrument, vous abandonne à
l'extérieur et vous gruge à l'intérieur, car ses
banquiers règnent en maîtres au Stock-Ex-
change. Vous menez le Royaume-Uni à la
ruine après l'avoir conduit à la honte !.... Jamais l'Irlande ne consentira à s'associer à l'infamie anglaise... Vive l'Irlande libre !

Alors ce fut une indescriptible cohue, le
cri trouva son écho immédiat sur les bancs des
Irlandais et des *Home rulers*. Les épithètes
les plus violentes furent échangées et quelques jingoïstes sans mesure se lancèrent même

à l'assaut des bancs d'où étaient parties ces acclamations séparatistes, les poings en avant, prêts à se livrer à un ignoble pugilat.

Cependant, il fallut en terminer et les Irlandais ayant quitté la salle en refusant de s'associer à un vote déshonorant et qui incombait aux seuls députés anglais, après avoir entendu les jingoïstes proposer de continuer la guerre, on en vint au vote, et la ratification fut prononcée à la majorité de 22 voix.

Pour être moins violente, la séance de la Chambre des Lords ne laissa pas pourtant que d'être fort orageuse et ce ne fut qu'après un long débat que la ratification fut votée.

Dans les deux Chambres, les blâmes s'étaient abattus si sévères, si violents contre le gouvernement, que lord Salisbury se rendit immédiatement auprès de la reine pour lui remettre la démission du ministère. Il trouva la Souveraine en conférence avec son fils, le prince de Galles, tous deux avaient la figure bouleversée et, devant elle, la Reine avait une feuille de parchemin au bas de laquelle se voyait le sceau royal.

Lord Salisbury lui fit part de ce qui venait de se passer au Parlement et déclara qu'il ne pouvait conserver davantage le ministère.

— Je m'attendais, lui dit la reine, à l'explosion de colère qui vient de se produire dans

les deux Chambres et à la démission que vous
venez m'offrir, mais je ne puis accepter votre
retraite immédiate et j'ai compté sur vous pour
publier cet acte.

En disant ces mots, la reine tendait au *Premier* le parchemin qu'elle venait de revêtir de
son sceau royal ; lord Salisbury le prit, y jeta
les yeux et le rendit à la reine.

— Que Votre Majesté, dit-il, veuille bien
ne pas imposer une tâche aussi pénible à mon
dévouement, je ne m'en sentirai pas la force.

— Il le faut, marquis, et c'est précisément
à votre dévouement que je fais appel ; j'en ai
trop bien pu connaître l'étendue pour croire
qu'il me fera défaut dans un pareil moment.

— Madame !...

— Il le faut, marquis !

— Ma reine !...

— Je vous l'ordonne !

Et lord Salisbury dut remporter, pour en
faire publier le texte, l'acte d'abdication de la
reine Victoria au profit du prince de Galles.

Le lendemain même, le nouveau roi prenait
possession du pouvoir et appelait M. Gladstone
au gouvernement.

Le premier acte de son règne devait être de
ratifier la paix humiliante que lui léguait le
gouvernement de sa mère trop docilement
soumis à l'influence allemande ; le second

devait être d'accorder à l'Irlande le « Self-go-vernment » qu'elle réclamait depuis longtemps et pour l'obtention duquel une terrible révolution venait d'éclater dans toutes les grandes villes de l'Ile-Sœur. La Ligue agraire menaçait d'étouffer la domination anglaise sous une effroyable jacquerie, il fallait écraser la révolte dans le sang ou concéder à l'Irlande des libertés nécessaires ; ce fut à ce dernier parti, assurément le plus sage, que s'arrêta le nouveau roi.

Ainsi le trône de la monarchie anglaise se trouvait, sinon ébranlé, tout au moins diminué dans son autorité et M. Bismarck n'intervenait pas pour le protéger. Il avait compromis l'Angleterre en la poussant à déclarer la guerre à la France et restait impassible devant la juste humiliation que cette puissance arrogante devait subir et dont il était la cause principale.

Mais, pendant que s'échangeaient à Bruxelles les ratifications du traité franco-anglais, le Chancelier de fer pouvait déjà juger de l'inanité de ses efforts. L'alliance franco-russe s'était faite malgré lui et contre lui, l'Empire allemand était menacé, les tendances séparatistes se manifestaient de plus en plus puissantes, l'axe de la politique européenne n'était plus à Berlin et, dorénavant, c'était à la

Russie et à la France qu'appartiendrait l'arbitrage du monde.

L'Ogre de Varzin sentait que, lui mort, l'Empire Allemand s'écroulait sur sa base mal assise ; il comprenait enfin que rien de son œuvre ne lui survivrait, qu'il s'en irait sans gloire et n'emporterait avec lui que les malédictions de tous ceux que la folie des armements a ruinés et la haine de tous ceux que ses actes ont spoliés.

M. de Bismarck, chrétien et croyant, savait que le jugement des hommes lui serait implacable, et, le pied au bord de la tombe, il commençait à redouter la justice de l'Eternel.

POSTFACE

Et maintenant que ce livre est entièrement écrit, maintenant que nous n'avons plus qu'à en remettre le manuscrit à l'impression, une grande hésitation s'empare de nous, un grand doute poigne notre esprit et nous nous demandons :

— Comment sera-t-il accueilli ?

Le public y verra-t-il, par la divulgation qu'il fait d'un point faible de notre défense, une indication que l'ennemi de demain mettra à profit, que cet ennemi vienne des bords de la Tamise ou de ceux de la Sprée ? Dans ce cas, nous pouvons nous attendre à ce que sa publication nous attire les légitimes colères des nombreux Français qui aiment la France.

C'est contre cette éventualité d'une prise en mauvaise part que nous voulons aujourd'hui nous prémunir, telle est la raison qui, notre manuscrit terminé. nous pousse à y ajouter quelques lignes d'explication.

Il nous faut. tout d'abord. dire que ce n'est qu'après avoir soigneusement et longuement envisagé la situation politique de l'Europe. après avoir examiné toutes les hypothèses d'une conflagration qui peuvent se produire dans l'état de *paix armée* ou plutôt de *guerre latente*, état ruineux s'il en fut, où M. de Bismarck a mis les diverses nations du vieux continent, après avoir pesé et soupesé ces hypothèses pour déterminer quelles sont celles qui paraissent être et sont, en effet, les plus réalisables, après avoir soigneusement étudié la presqu'île du Cotentin dans son système défensif, que nous nous sommes décidé à écrire ce livre que nous ont dicté les plus purs sentiments de patriotisme.

Nous l'avons écrit parce que nous estimons que notre grand arsenal maritime de Cherbourg doit être. à tout prix, à l'abri d'un coup de main, aussi bien par terre que par mer, et que nous sommes convaincus que telle n'est point, tant s'en faut. sa situation actuelle.

La Chambre des députés a voté, le **28** février

dernier, un projet de loi portant ouverture d'un crédit de 42,150,000 francs pour compléter par l'établissement d'une digue entre Querqueville et Chavagnac, d'une part, et entre l'île Pelée et la terre, d'autre part, la défense de la rade de Cherbourg tant contre la mer que contre une marine ennemie. Il est indubitable qu'avant la fin de la législature, le Sénat aura approuvé cette loi afin d'éviter qu'elle soit atteinte et frappée de caducité. S'il n'en était pas ainsi, le Sénat endosserait, vis-à-vis du pays, une lourde, une très lourde responsabilité qui n'aurait certainement pas pour effet d'augmenter la plus que précaire popularité dont jouit cette Assemblée.

Cette augmentation des défenses de notre grande rade militaire du nord était utile, elle était nécessaire ; elle est un fait accompli, croyons-nous pouvoir dire ; c'est bien, c'est très bien, mais pourtant c'est encore insuffisant.

Ce qu'il faut maintenant, c'est qu'à côté de Cherbourg, dans ce quadrilatère limité de trois côtés par la mer et sur sa quatrième face par les lignes de défense de Carentan-Portbail que l'inondation rendrait en quelque sorte inexpugnables, on créé, par la construction de quelques solides batteries de côtes, un camp retranché bien à l'abri d'un coup de main. Nous ne devons pas permettre que Cherbourg, dont l'attaque par mer, dans l'état actuel, serait une témérité pouvant coûter cher à qui l'aurait tentée, puisse rester exposé à un assaillant débarqué, presque sans coup férir, entre Portbail et La Hague, sur cette côte qui n'a pour toute défense que la batterie de Sciotot dont l'insuffisance est notoire.

A quoi nous servirait de compter pour la défense du Cotentin sur ces fameuses lignes de Carentan-Portbail, tant vantées à la Chambre des députés dans la séance du 28 janvier dernier, si nous pouvons les voir attaquer à la fois, au sud, par une armée d'invasion venant d'un point quelconque, au nord, par un corps débarqué par exemple entre Portbail et le cap Carteret. Rappelons-nous, qu'en matière de défense nationale surtout, les déceptions sont douloureuses : ne faisons point tant de cas de cette ligne de défense, songeons que l'Angleterre, l'Allemagne et l'Italie, trois des puissances de la Quadruple Alliance, ont des marines puissantes et audacieuses et parfaitement capables de venir jeter rapidement un corps de débarquement sur la côte pour s'emparer de Cherbourg dont une attaque terrestre, vigoureusement menée, aurait certainement raison ; rappelons-nous que cet arsenal offusque nos bons voisins d'outre-Manche et que, quand ils y pensent, le *Delenda Carthago* de Caton l'Ancien est tout près de leurs lèvres.

Ce livre est donc un avertissement à la France ; puisse-t-il n'avoir pas le même sort que les paroles de la fille de Priam et d'Hécube lorsqu'elle déconseillait l'introduction dans Troie du fameux cheval de bois. C'est pour éviter, autant qu'il était en nous, que l'avis ne fût pas écouté que nous l'avons présenté sous la forme d'un récit et que nous avons exposé comme un fait accompli l'une des hypothèses qui nous ont parues les plus réalisables.

Et maintenant. ce livre, ainsi pensé, constitue-t-il un danger?

Nous ne le croyons pas.

Nous ne le croyons pas. parce que nous ne

pouvons nous résoudre à penser que ceux qui ont la charge et le soin des intérêts suprêmes de la Patrie puissent rester sourds à ce cri d'alarme, parce que nous ne pouvons nous résoudre à penser que, dans le Parlement français, la politique de parti puisse primer la politique de la Patrie et que nous estimons que ce serait faire injure au gouvernement de la République que de penser qu'on puisse lui appliquer la pensée du psalmiste : *Aures habent et non audient.*

Quel ne serait pas le malheur de notre pays s'il était vrai qu'il en fût ainsi, et, dans ce cas, quel danger ne constituerait pas ce livre, indication précise et précieuse pour l'ennemi de notre talon d'Achille.

Mais, nous le répétons, cette hypothèse nous semble irréalisable et le livre trouvera l'écho nécessaire. Alors, si le point vulnérable qu'il signale dans nos défenses est promptement garanti contre le danger, si la porte ouverte à l'invasion est soigneusement et solidement condamnée, il ne faudra plus voir dans ce livre qu'un roman plus ou moins ingénieux, plus ou moins bien écrit, célébrant, dans certaines de ses pages, le courage et l'esprit de sacrifice qui sont l'honneur de nos soldats et de nos marins et qui ont fait le juste renom de la Marine et de l'Armée françaises, un roman qui aura surtout le mérite d'avoir été inspiré par un patriotisme profond.

Si le danger qu'il signale est conjuré, si ce livre ne reste ou ne devient pas la douloureuse prophétie de douloureuses épreuves pour notre chère France, si ce livre n'est qu'un roman sur le compte duquel la critique pourra se donner libre carrière, l'auteur se tiendra pour satisfait.

Si même les événements le font mentir, si la paix n'est point troublée et que le cri d'alarme entendu ou non, demeure inutile parce que la conflagration prévue n'aura point éclaté, l'auteur sera encore plus satisfait, car il est de ceux qui, tout en regardant le danger en face, estiment que les guerres font trop de veuves et d'orphelins, trop de ruines et trop de douleurs, pour qu'on ne se réjouisse pas du plus profond de son être le jour où leur imminence est conjurée.

Mais, en attendant, le danger est là, il existe

et continuera d'exister tant que l'hégénomie allemande subsistera, tant que M. de Bismarck tiendra l'Europe entière dans la folie des armements qui la mène à sa ruine, et nous ne saurions conclure autrement qu'en reprenant le cri d'alarme des Romains après Cannes :

ANNIBAL AD PORTAS !

Paris, 30 avril 1889.

TABLE DES MATIÈRES

ÉVREUX, IMPRIMERIE DE CHARLES HÉRISSEY